福建省教育科学"十四五"规划2021年度立项课题
"闽南食文化教育课程模式的构建与实践研究"
（FJJKXQ21-025）研究成果

福建省教育科学"十四五"规划2023年度立项课题
"优秀闽南文化传承视域下幼儿园'文化旅行'课程构建的实践研究"
（FJJKXQ23-034）研究成果

在生活中学习，在文化中成长

发现儿童的力量

——幼儿园"生活·文化"课程实践

编著 ◎ 傅秋兰

海峡出版发行集团 | 福建教育出版社

图书在版编目（CIP）数据

发现儿童的力量：幼儿园"生活·文化"课程实践/
傅秋兰编著. —福州：福建教育出版社，2025.3.
—ISBN 978-7-5758-0160-7

Ⅰ.G612

中国国家版本馆CIP数据核字第20244B2V44号

Faxian Ertong De Liliang

发现儿童的力量

——幼儿园"生活·文化"课程实践

编著　傅秋兰

出版发行	福建教育出版社
	（福州市梦山路27号　邮编：350025　网址：www.fep.com.cn
	编辑部电话：0591-83726971
	发行部电话：0591-83721876　87115073　010-62024258）
出 版 人	江金辉
印　　刷	福建新华联合印务集团有限公司
	（福州市晋安区福兴大道42号　邮编：350014）
开　　本	710毫米×1000毫米　1/16
印　　张	17.25
字　　数	270千字
插　　页	2
版　　次	2025年3月第1版　2025年3月第1次印刷
书　　号	ISBN 978-7-5758-0160-7
定　　价	59.00元

如发现本书印装质量问题，请向本社出版科（电话：0591-83726019）调换。

序

以质量意识提升园本课程建设

大约三年前，我在历史文化名城泉州首次接触到了丰泽机关幼儿园"生活·文化"课程的实践现场与记述文字，并通过与课程指导专家、泉州幼儿师范高等专科学校吴振东教授的交流，比较充分地了解了"生活·文化"课程的理论思考和实施状况。此后，傅秋兰园长时常会与我交流该课程的建设情况，使我对该课程的实践样态保有相对即时、新鲜的知晓。如今，有幸读到了系统展示"生活·文化"课程的书稿，让我进一步感受到了该园在园本课程建设上的努力和成绩，特别是他们在追求幼儿园课程高质量发展上的尝试与经验。

通俗地说，"质量"指事物、产品或工作的优劣程度。在园本课程的话语体系中，这个"优劣程度"的基准首先是幼儿的需求。美国质量管理专家朱兰认为，产品质量是产品的适用性，即产品在使用时能成功地满足用户需要的程度。我国的国家标准《质量管理体系 基础和术语》（GB/T 19000-2016）对质量的定义是"客体的一组固有特性满足要求的程度"。可见，质量并不是事物本身的属性或状态，而是基于主体需求与客体特性之间的关系构成的概念。因此，园本课程的质量可以被看作是课程对作为学前教育对象的幼儿的需求的满足程度。越能满足幼儿身心发展需要、越是能支持其有益经验建构的课程，就越是高质量的课程。

而幼儿的需求是根植在活生生的幼儿那里的，是以生动的、情境性的、时隐时现的方式体现的。幼儿处于不同时空，拥有不同背景，具有不同经验，这使得他们的需求是各具特色、不断变化的。因此，课程质量也就成了一个必须放置在时间、空间、文化背景中来考量的话题。可见，没有绝对意义上的高质量课程，衡量质量不能超越"适宜"。特别是以"园"为本的课程，它以特定的地域、文化、资源为基础，适合那所园、适合那里的幼儿和老师是对其质量最好的诠释。简而言之，高质量的园本课程绝不简单的是一所幼儿园拥有自己的课程，而是一所幼儿园建设出了"最"适宜自己的课程。和其他课程相比，这个课程能够最有效地促进本园幼儿的身心发展，最有助于本园教师的专业成长，最大限度地保障本园的教育质量。

将幼儿自身作为课程内容选择的主要依据，回归经验、回归生活、关注本土、重视资源，是高质量幼儿园课程内容的重要特征。幼儿的有效学习要求其学习内容必须与已有经验存在意义关联，而幼儿的已有经验和可能获得的经验必然是与其生活息息相关的，这就意味着幼儿园课程的内容应当源自对幼儿生活的分析与甄选，源于对幼儿生活环境中本土资源的挖掘与剖析。

优质的幼儿园课程要"回归机会"。在质量视域下，机会不是知识点，不仅意味着幼儿参与学习的可能性，而是获得经验的可能性，是支持幼儿进行"真学习"的时间与空间资源。因此，带有质量意识的园本课程建设意味着要为幼儿发展寻找"机会"、创造"机会"、提供"机会"。

在《发现儿童的力量》中，我们可以看到机幼对上述理念的落地性探索。他们积极寻求幼儿生活中富含教育价值的内容，开发、利用适合幼儿的本土文化资源，摸索家庭深度参与的协同共育机制，给予幼儿挑战性学习的机会……课程建设是一项长久而艰巨的任务，期望丰泽机关幼儿园在今后的园本课程建设中传继立足幼儿、关注发展、扎根生活、重视资源的课程建设传统，在拓展课程内容、完善评价体系、融入现代科技方面深入研究，为追求课程质量做出时代性的诠释。

江苏第二师范学院学前教育学院副教授
中国学前教育研究会管理专委会副主任　张　斌
2025 年 2 月于南京石头城

前　言

"教育的本质不是灌输，而是点燃火焰。"威廉·巴特勒·叶芝的这句名言，恰如其分地描绘了我园课程实践中的核心理念。在特色课程建设中，我园逐渐确立了"在生活中学习，在文化中成长"的"生活·文化"课程改革方向。我们深知，只有真正点燃幼儿内心的火焰，才能让他们在生活与文化的海洋中自由翱翔。我们遵循幼儿的身心发展规律，注重提供自主学习的机会，关注幼儿学习习惯和品质的培养。我们的目标是在传承历史文化和贴近幼儿生活的同时，将《3—6岁儿童学习与发展指南》精神融入教育实践，增强其时代性和生命力。

1. 挖掘甄别生活课程，师幼共筑童心

幼儿一日生活中的问题或兴趣点是课程开启的起点。我们围绕幼儿的问题、兴趣点进行审议，师幼共同讨论、推进。幼儿的真问题、真困惑成为生活化课程的起点，为一日生活增添了色彩。我们从零散的集体教学走向主题式的系列活动，从单一的集体活动向多种教育形式整合。例如课程故事"'小鬼'会当家"等，教师从一日生活中观察发现幼儿的兴趣点，从童心出发生成并建构有价值的课程。

2. 传承创新闽南文化，师幼获得初心

泉州作为文化古城，拥有丰富的文化底蕴。为了让幼儿顺利地了解闽南文化，我们缩小视角，将关注点放低，使其更适合幼儿。我们制定适宜的目标体系，并尝试与原有课程相融合。直至今日，我们依然清晰地记得，小朋友们在菜地里亲手种植花生—通过多种工具取出花生仁—自己尝试制作花生仁汤的热闹情景。因为煮得不够烂，自己学习看沙漏记录时间；因为煮得不

够好吃自己调查、拜师，并加入自己从家里带来的白砂糖、鸡蛋、芋头，只为了做出一碗地道好吃的花生仁汤。真可谓一碗花生汤，暖意满人间！幼儿在亲近小吃的过程中，感受小吃中民俗民风的魅力，传承闽南人的劳动智慧。

3. 推进建设特色课程，师幼发展核心

"在生活中学习，在文化中成长"的总目标引领着我们前进。我们形成了许多富有具体意义的课程模式，如闽南庙会跨班区域游戏等。通过分享交流课程故事，老教师的课程建构方式得到传播，年轻教师在课程实施过程中的教育观、儿童观发生了显著变化。我们在实践中边思考边前进，努力寻找核心素养落地的方法，进一步促进幼儿深度学习。

《发现儿童的力量——幼儿园"生活·文化"课程实践》是对我们多年来课程改革的回顾。本书中的课程故事案例，是从学园众多教师倾心撰写的课程故事中精心挑选而出的。因本书的篇幅所限，有许多同样精彩的课程故事未能入选。在此，我们要向自2019年以来所有热心参与学习、积极贡献课程方案的老师们致以最深的敬意和感谢！

我由衷地感谢我的三位合作伙伴——邱莉霞、林丽虹、龚晓燕，她们组成了杰出的保教小组，无论是课程方案的精细调整，还是课程故事的反复雕琢，都倾注了她们三人的大量心血与智慧，使得这本书中的课程故事既富有情趣，又引人深思，充满启迪。

我还要特别感谢泉州幼儿师范高等专科学校的吴振东教授。本书理论部分及课程方案架构的成形，得益于吴教授的全程悉心指导与鼓励。同时，张斌博士通过线上交流及亲临学园指导，对课程故事的撰写提供了宝贵的建议。在两位专家多次的精心指导下，这本书日臻完善。同时，丰泽区教师进修学校幼教教研室的吴聿霖主任在课程建构实践研究中给予了重要的指导与帮助，在此一并表示衷心的感谢。

回顾课程实践探索的历程，我更要对所有机幼人表达无尽的感激之情。大家风雨同舟，携手并进，共同思考，共同实践，共同成长。这本书不仅是智慧的结晶，更是机幼人团结协作、共同奋斗的见证。机幼的孩子们、教职员工以及周围的一切元素相互作用，共同塑造了独特的价值体系、认知特征和行为模式，为"生活·文化"课程的建设奠定了坚实的基础，引领其不断

发展。今后，我们将继续实践、深入研究，挖掘和播撒本土文化的种子，为幼儿的全面发展贡献力量。

傅秋兰

2024年9月

目　　录

第一部分　理论篇

第一章　幼儿园"生活·文化"课程理念与框架 …………… 3
　　一、幼儿园"生活·文化"课程背景 …………………………… 3
　　二、幼儿园"生活·文化"课程依据 …………………………… 4
　　三、幼儿园"生活·文化"课程理念 …………………………… 6
　　四、幼儿园"生活·文化"课程框架 …………………………… 8

第二章　幼儿园"生活·文化"课程目标与内容 …………… 9
　　一、幼儿园"生活·文化"课程目标 …………………………… 9
　　二、幼儿园"生活·文化"课程内容 …………………………… 15

第三章　幼儿园"生活·文化"课程实施与评价 …………… 21
　　一、幼儿园"生活·文化"课程实施 …………………………… 21
　　二、幼儿园"生活·文化"课程评价 …………………………… 35

第二部分　实践篇

第四章　幼儿园"生活·文化"课程活动案例·童乐生活 …… 51
　　活动案例1：我们的蜗牛日记（小班） …………………………… 51
　　活动案例2："小鬼"会当家（中班） …………………………… 75
　　活动案例3：你最珍"桂"（大班） …………………………… 98

第五章　幼儿园"生活·文化"课程活动案例·闽南文化 ········ 117
　　活动案例 4：金鱼巷探秘（小班）················· 117
　　活动案例 5：厝顶上的小神兽（中班）·············· 138
　　活动案例 6：印象洛阳桥（大班）················· 164

第六章　幼儿园"生活·文化"课程活动案例·协力育人 ········ 187
　　活动案例 7：老爸真"缘投"（小班）··············· 187
　　活动案例 8：拾味润饼（中班）··················· 212
　　活动案例 9："番"乐"薯"于你（大班）············· 235

参考文献 ·· 262
后　　记 ·· 264

第一部分 理论篇

第一章
幼儿园"生活·文化"课程理念与框架

教育是为了立人，学前教育的最终目标是促进幼儿身体、心理、品性等方面的发展。课程承载儿童的发展，泉州市丰泽机关幼儿园"生活·文化"课程秉承"生活即教育""文化认同启蒙教育"的教育理念，立足于本园实际，基于儿童发展与文化传承的需要，构建了"一体双翼"（即"以儿童为主体、以'生活体验和文化认同'为双翼"）的园本化课程方案。课程以培养"爱生活、亲文化"的泉州囝仔（闽南语，小孩的意思）为目标，运用多样化的课程实施途径，将园内的生活、游戏、学习、运动与园外的研学相结合，以现代生活助力儿童成长，以传统文化滋养儿童心性。

一、幼儿园"生活·文化"课程背景

2014年以来，本着最初"做特色"的心态，我园将感知体验、传承传播闽南文化纳入幼儿园课程之中。我园先后以"东亚文化之都背景下的幼儿园闽南本土特色课程研究""东亚文化之都背景下的幼儿园闽南本土特色课程传承与创新研究""基于幼儿自主的闽南文化生成式课程建构实践研究"等三个省、市、区三级课题为载体，将闽南文化引进校园，融入校园文化建设中，并持之以恒地开展形式多样、内容丰富的闽南文化特色活动，将丰富的闽南文化融入幼儿具体的日常生活、游戏与学习活动中。在特色课程建设的过程中，"生活"和"文化"两大元素突显。我园始终坚持培养"本真儿童"——顺应儿童固有的天性、需求及生长发展规律，传承"本土文化"——闽南传统文化中多元包容的精神，并确立"课程之本"——课程改革的出发点和落脚点是儿童的长远发展，为"生活·文化"课程落地做好前期铺垫。至今，已初步构建了幼儿园闽南本土特色课程目标体系，探索并确立了幼儿园闽南本土特色课程的实施途径和方法。研究中也形成了一些经验成果，即梳理总结出"闽南小吃活动"中的"观察→发现→探究"，"闽南民间艺术活动"中的"欣赏→感受→表现"，"闽南民间游戏活动"中的"念唱→体验→创新"等三种不同样态的课程学习模式。

二、幼儿园"生活·文化"课程依据

（一）课程建设的理论依据

1. 陶行知的"生活即教育"理论

陶行知认为，"教育的根本意义是生活之变化。生活无时不变，即生活无时不含有教育的意义"。他把教育和社会生活联系起来进行考察，认为"生活教育是生活所原有，生活所自营，生活所必需的教育"。生活与教育是紧密相连的，教育不能脱离生活，"过什么生活便是受什么教育；过康健的生活便是受康健的教育；过科学的生活便是受科学的教育；过劳动的生活便是受劳动的教育；过艺术的生活便是受艺术的教育"。"生活即教育"强调生活决定教育，教育不能脱离生活。教育的目的、内容和方法都不能脱离现实社会生活和儿童生活。

2. 仓桥惣三的生活教育理论

仓桥惣三主张"以生活为基础，在生活中渗透教育，或者说在生活中融入教育"。他认为，尊重幼儿是教师的基本教育理念，而幼儿自身是活动内容的中心，因此幼儿生活节奏是学前教育的核心与关键。

3. 教育的文化功能理论

教育的文化功能是指教育系统对文化的保存、发展所起的作用，是教育的社会发展功能之一。主要表现为：①选择、传递、保存文化。教育借助公开课程（教学计划所规定的课程）和隐性课程等形式，为学生提供适应社会生活的知识、技能、规范和价值，有选择地继承文化遗产，保存社会文化模式。②创造、更新文化。教育系统中进行的科学研究、设计以及教育培养学生具有与文化相关的个性和创造力，都直接或间接地促进了文化的创造和更新。③传播文化。现代教育，尤其是现代高等学校的校际交流（学术交流、资料交流、联合培养学生等），直接促进了不同社会或地区文化的传播。④影响"身份文化"的分层。不同层次和类型的教育赋予不同的个体以一种相对特殊的"身份文化"——一定的社会期望、自我认同、自我期望、知识结构等。

4. 陈鹤琴的"活教育"思想

陈鹤琴认为，大自然、大社会都是活教材，教育应该是在做中教、做中学，做中求进步。应该重视室外活动，着重于生活的体验，让儿童在真实的环境中感受自然与社会的魅力，从而培养他们的观察力、思考力和创造力。"活教育"思想不仅强调教育内容的生动性和实践性，还注重培养儿童的个性和兴趣，鼓励他们根据自己的兴趣和特长进行自主学习和探索。这一思想为本课程的内容选择和儿童学习方式选择指明了方向，要求我们在教育实践中注重儿童的主体性和差异性，为他们的全面发展提供有力的支持。

5. 虞永平关于幼儿园课程生活化和游戏化的基本观点

虞永平教授在《幼儿教育（教育教学版）》2022年第7/8期再谈幼儿园课程的生活化和游戏化。他认为，3—6岁儿童的身心发展规律和学习特点决定了幼儿是通过亲近自然、融入社群、积极运动、直接感知、实际操作、亲身体验、友好交往、积极思考、创造表达、投入游戏等方式来学习并获得直接经验的，这些就是儿童现实的生活，也是幼儿园课程应有的历程和状态。因此，幼儿园课程生活化，就是让课程回归儿童的生活、贴近儿童的生活，用适宜于儿童身心发展规律和学习特点的方法去引导儿童学习和发展，让课程真正成为儿童自己的活动、可以参与调控的活动，成为儿童自己的生活。同时，他还提出儿童的生活具有游戏意味，是充满游戏的，儿童具有将生活渗入游戏的强大力量，游戏是儿童生活的核心特质。因此，他强调课程的游戏化是指幼儿园课程能带给儿童特殊的体验和收获，能激发儿童广泛的学习可能。这种体验和可能的核心就是游戏的基本精神——自由、自主、愉悦和创造。这两个基本观点将成为我们园本课程整体建构的依据。

（二）课程建设的法规依据

《中华人民共和国学前教育法》（2024）明确指出，学前教育应当落实立德树人根本任务，培育社会主义核心价值观，并强调幼儿园应当以学前儿童的生活为基础，以游戏为基本活动，发展素质教育。这要求幼儿园在课程建设中，需注重将立德树人、社会主义核心价值观等融入其中，同时充分利用学前儿童的生活经验，通过游戏、亲近自然、实际操作、亲身体验等方式，促进他们在健康、语言、社会、科学、艺术等各方面的协调发展。

2017年1月25日，中共中央办公厅、国务院办公厅印发了《关于实施中华优秀传统文化传承发展工程的意见》（以下简称《意见》）。《意见》提出：要围绕立德树人根本任务，遵循学生认知规律和教育教学规律，按照一体化、分学段、有序推进的原则，把中华优秀传统文化全方位融入思想道德教育、文化知识教育、艺术体育教育、社会实践教育各环节，贯穿于启蒙教育、基础教育、职业教育、高等教育、继续教育各领域。以幼儿、小学、中学教材为重点，构建中华文化课程和教材体系。

《幼儿园教育指导纲要（试行）》中指出，要充分利用社会资源，引导幼儿实际感受祖国文化的丰富与优秀，感受家乡的变化和发展，激发幼儿爱家乡、爱祖国的情感。同时在"组织与实施"部分提出，教育内容要贴近幼儿的生活，选择幼儿感兴趣的事物和问题，要充分利用自然环境和社区的教育资源，扩展幼儿生活和学习的空间。

《3—6岁儿童学习与发展指南》指出，要运用幼儿喜闻乐见和能够理解的方式激发幼儿爱家乡、爱祖国的情感。同时强调"幼儿的学习是以直接经验为基础，在游戏和日常生活中进行的"，要珍视幼儿生活和游戏的独特价值。

《幼儿园保育教育质量评估指南》在"办园方向"的"B2品德启蒙"中提出，要帮助幼儿学会生活，养成自己的事情自己做的习惯，培育幼儿爱父母长辈、爱老师同伴、爱集体、爱家乡、爱党爱国的情感。并在"总体要求"中提出，坚持儿童为本，要尊重幼儿年龄特点和成长规律，注重幼儿发展的整体性和连续性，坚持保教结合，以游戏为基本活动，有效促进幼儿身心健康发展。

三、幼儿园"生活·文化"课程理念

"生活·文化"课程，是以"在生活中学习，在文化中成长"为理念，以儿童生活为横轴，以传统文化为纵轴，纵横交错，共同编织有利于儿童健康成长的课程地图。

（一）在生活中学习

陈鹤琴先生主张还原幼儿生活的本来面目，给予幼儿生活原貌，让他在生活中学习。《3—6岁儿童学习与发展指南》也指出，幼儿的学习是以直接经验为基础，在游戏和日常生活中进行的。要珍视游戏与生活的独特价值，创设丰富的教育环境，合理安排一日生活，最大限度地支持和满足幼儿通过直接感知、实际操作和亲身体验获取经验的需要。从幼儿的生活入手，从幼儿身边的生活汲取营养，无疑是教育生活化的一条有效的途径。"生活·文化"课程，强调课程应在真实的生活场景中进行，由真实生活带来真实情境，引发真实问题，关注幼儿的兴趣与需要，遵循"预设与生成"原则，链接自然、社会、生活等适宜的教育资源，努力做到基于生活、通过生活，为了生活，助力成长。"在生活中学习"，包含三层含义，即"生活是学习目标、学习内容、学习途径"：学习生活中需要掌握的生活自理技能，即目标；生活技能的掌握是在生活中获得的，因而生活本身就是学习的内容；生活是学习的途径，即在生活中学习。

（二）在文化中成长

幼儿阶段，其身心发展正处在一个从懵懂到清晰、从好奇到认同的启蒙阶段，是身体发育、性格培养、人格建立的关键时期。在这个时期，幼儿对日常生活中包含的文化元素有着天然的理解和接纳能力。"生活·文化"课程回归传统文化，将文化与幼儿的生活进行链接，注重本土文化资源的利用，让幼儿走进闽南传统文化，感受闽南传统文化的魅力，让童心在不断地滋养和润泽中留下文化的印记，实现文化认同的启蒙教育。"在文化中成长"有两层含义：一是"成长"指的是对"文化的认同"，即通过教育，创造条件与机会，让文化滋养幼儿，让幼儿认同中华优秀文化，做中国人、做现代中国人；二是指让幼儿在有文化的环境中学习与成长。

总的来说，我们的课程强调生活与文化这两条主线。刘铁芳教授在《儿童教育的整体性及其实现》（载《幼儿教育导读（教育科学版）》2022年第4期）一文提出，幼儿教育的逻辑起点是儿童生活。儿童美好生活的基本素质主要体现为审美、简单、有趣与爱的陪伴。站在儿童教育的立场而言，就是在爱的陪伴中引导幼儿全身心地融入简单、有趣的审美情境，以爱、美、优雅的节奏浸润幼儿的身心，展现儿童美好的生存状态。也正是在审美中，儿童从自然世界走向文化世界。因此，我们认为生活与文化的关系应该是共生共长的。首先是"生活中有文化"，人的生活必然伴随着文化的产生与传播，没有文化的生活，是动物的生活；其次是"文化中有生活"，生活是文化传承的重要途径之一，离开生活的文化便失去了活态的意义。"生活·文化"课程的逻辑起点便是儿童生活，切实地从儿童生活出发，让儿童在社会关系中获得身心健康成长，成长为现代中国人。

四、幼儿园"生活·文化"课程框架

以"在生活中学习，在文化中成长"为课程理念，依据课程"四要素"，我们构建了"生活·文化"课程框架。

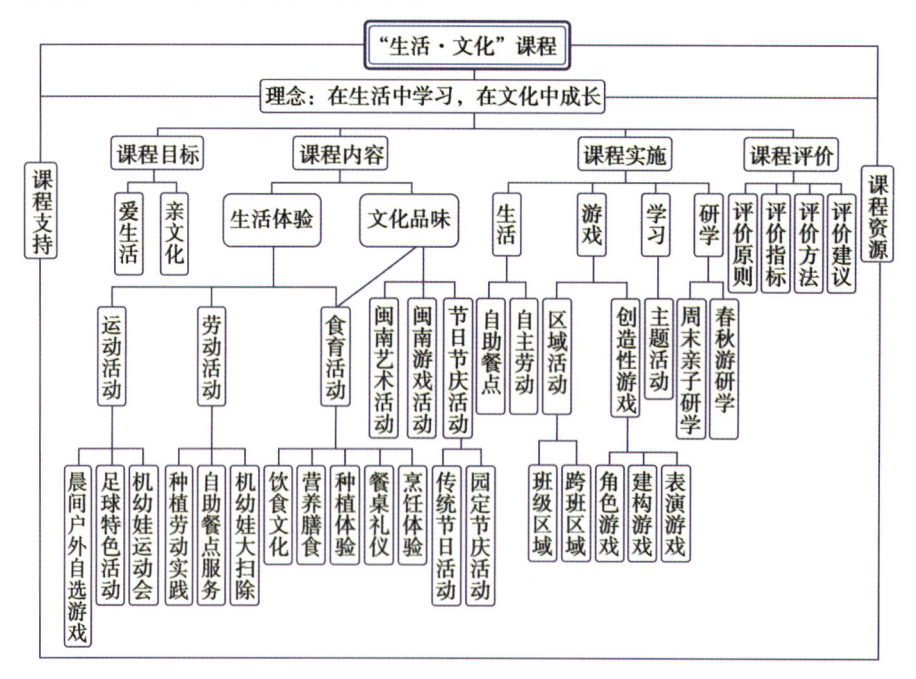

"生活·文化"课程整体框架

第二章
幼儿园"生活·文化"课程目标与内容

一、幼儿园"生活·文化"课程目标

"生活·文化"课程根据儿童的兴趣和教育的需要，遵循《幼儿园教育指导纲要（试行）》（以下简称《纲要》）及《3—6岁儿童学习与发展指南》（以下简称《指南》）的精神，立足儿童发展与教育需要，充分挖掘自然和社会资源，让儿童在真实的情境中操作体验，关注儿童的情感态度、社会性、认知等发展关键经验，以及园本文化对儿童发展的希冀，制定了以下课程目标。

（一）课程总目标

课程总目标主要体现在"爱生活"和"亲文化"两个方面。

爱生活：学会关注生活、关注环境，能参与力所能及的事，乐于思考和探究，喜欢运动。在参与、感知真实生活中，获得丰富的生活经验，初步形成良好的生活习惯和健康的生活方式，具备初步的责任感，能接纳、尊重、关爱同伴和他人，做爱生活、爱自然的"泉州囝仔"。

亲文化：乐于接触与闽南文化相关的人、事、物，对闽南的方言、美食、游戏、非物质文化遗产有初步的了解。能参与各种闽南文化体验活动，发现闽南文化的多元表现形式，触发感受与欣赏、表现与创造的原动力，能用具有一定创造性和美感的艺术表现形式表达自己的想法、经历和感受，最终萌生对家乡的热爱之情，做烙有闽南印记的泉州囝仔。

（二）课程年龄班目标

"生活·文化"课程根据不同的年龄班，按照五个不同的领域，即健康领域、语言领域、社会领域、科学领域和艺术领域，细分成具体的目标。

表 2-1　课程年龄班目标

	小班	中班	大班
健康领域	1. 认识同伴，认识到自己是班级的一员，情绪比较稳定，能较快适应集体生活。 2. 愿意参与体育活动，感受运动带来的愉快感，能在老师的提醒下注意安全。 3. 尝试用多样的小型体育器械进行简单的身体锻炼，动作自然。 4. 对民间游戏感兴趣，愿意参与小组、集体的游戏。 5. 学习收拾整理物品的正确方法，能将使用过的物品放回原处。 6. 在成人的帮助下掌握一些简单生活自理的基本方法。 7. 能认识常见的食物，在成人的引导下做到不偏食、不挑食，努力保持良好的进餐卫生习惯。	1. 关注小组和他人，喜欢幼儿园和所在班级，经常保持愉快的情绪，能较快地适应新园区、新班级的生活。 2. 喜爱并积极参加体育活动，体验运动带来的快乐感，运动时懂得躲避危险。 3. 乐于参与不同器械、场地的身体锻炼，基本动作协调。 4. 乐于参与民间游戏，在熟悉游戏玩法、规则的基础上尝试对某种玩法进行改编，并与同伴一起快乐游戏。 5. 能与同伴摆放和整理活动材料。 6. 乐于参与大扫除、种植、美食制作等生活劳作活动，并掌握几种简单的劳作技能。	1. 经常保持愉快情绪，能较快地融入新的人际关系环境。 2. 热爱并主动参加体育活动，初步形成良好的运动习惯，运动时能注意安全。 3. 能挑战各种运动项目的多样玩法，基本动作熟练灵活。 4. 能掌握民间游戏玩法，改造所需的游戏材料，感受在游戏中与同伴合作和竞争的乐趣。 5. 能独立或合作将活动材料分门别类地收纳、整理。 6. 较熟练地运用多种生活劳作技能，积极主动地参与大扫除、种植、美食制作等生活劳作活动。 7. 主动做到健康饮食、健康生活。

续表

	小班	中班	大班
		7. 知道健康饮食、健康生活，能保持较好的进餐卫生习惯。	
语言领域	1. 能听懂并会说简单的闽南日常用语。 2. 愿意与老师、同伴表达自己的需要和活动后的感受。	1. 会说闽南日常用语，愿意念唱一些简单的闽南童谣。 2. 愿意谈论自己感兴趣的话题，愿意用图画和符号表达自己的愿望和想法。	1. 会说闽南话，喜欢念唱童谣。 2. 愿意与人讨论问题，能主动与老师、同伴交换想法和意见，愿意用图画和符号表现事物或经历的故事。
社会领域	1. 能做的事情愿意自己做，具有初步为自己服务的意识。 2. 喜欢承担一些小任务。 3. 能关注身边的人、事、物，有初步的归属感。 4. 初步了解自己生活周围的食物，愿意品尝泉州特色菜肴，对简单的食物制作感兴趣。	1. 在主动参与收拾整理物品的劳动中，做到自己的事情尽量自己做，有自我管理的意识。 2. 乐于与同伴分工协作，尝试有一定难度的活动和任务。 3. 能关注家乡的人、事、物，知道自己是泉州人。 4. 知道泉州有代表性的物产和景观。 5. 了解泉州特色美食，并能参与食材的种植和食物制作。	1. 能主动承担一些任务，遇到困难时愿意动脑筋解决问题，有自主管理的意识。 2. 能与团队分工协作完成任务，体验团队的力量和成就感。 3. 关心集体，愿意为集体做事，有集体荣誉感。 4. 对家乡的文化有所了解，能感受到家乡的变化，为自己是泉州人而感到自豪。 5. 了解泉州特色美食与人们生活的密切关系，能积极地参与关于了解闽南美食的文化调查、体验和美食制作等探究活动。

续表

	小班	中班	大班
科学领域	1. 对周围的事物感兴趣，能用多种感官或方法去探索，仔细观察并发现事物的明显特征。 2. 初步了解周围事物与人的关系。	1. 喜欢探索，并能参与简单的信息调查和收集。 2. 感知、了解常见植物的种植方法和生长过程，培养发现问题、解决问题及对比观察的能力。 3. 初步感知周围事物与人们生活的关系。	1. 对感兴趣的问题能通过制订简单的调查计划、信息收集和整理来寻找答案。 2. 能通过观察、比较与分析，发现并描述不同种类事物的特征及变化。 3. 初步了解人们的生活与周围自然环境的密切关系，积累科学的生态、生活观。
艺术领域	1. 喜欢大自然中美的事物。 2. 愿意与家人一起参与节日民俗活动，喜欢观看民间舞蹈或戏剧表演。 3. 能用简单的线条和色彩大体画出自己想画的人、事、物。	1. 喜欢欣赏周围环境中美的事物。 2. 能专心地观看自己喜欢的闽南民间艺术品或传统表演，能关注主要特征，有模仿和参与的愿望。 3. 尝试运用绘画、手工、动作表演等方式表现自己观察到的或想象的闽南艺术。	1. 喜欢欣赏各种闽南特色民间艺术。 2. 乐于收集具有闽南艺术美的物品，并愿意与别人分享和交流自己喜爱的作品。 3. 能用多种工具、材料或不同的表现手法表达自己对闽南艺术的感受和想象，并用自己制作的美术作品布置环境、美化生活。

（三）课程目标与《指南》中课程目标的对应关系

"生活·文化"课程目标与《指南》课程目标对应矩阵见表2-2。根据表2-2可知，"生活·文化"课程目标与《指南》课程目标中的健康、社会和艺术三个领域的课程目标具有高关联度，而与语言、科学两个领域的课程目标具有低关联度。

表 2-2 "生活·文化"课程目标与《指南》课程目标对应矩阵

"生活·文化"课程		爱生活	亲文化	总计	小结	备注
健康领域	身心状况 目标1 具有健康的体态	M		覆盖健康领域9个子目标，其中，高关联度有5个，中关联度有4个，低关联度有1个。总体而言，与健康领域具有高关联度。	从总结结果而言，"生活·文化"课程目标与《指南》课程目标中的"健康、社会和艺术"三个领域课程目标具有高关联度，而与"语言、科学"两个领域课程目标具有低关联度。	"生活·文化"课程的"两大目标"与《指南》中的"三十二条子目标"的关联度对应。H表示关联度高；M表示关联度中；L表示关联度低。
	身心状况 目标2 情绪安定愉快	L				
	身心状况 目标3 具有一定的适应能力	M				
	动作发展 目标1 具有一定的平衡能力，动作协调、灵敏	H				
	动作发展 目标2 具有一定的力量和耐力	H				
	动作发展 目标3 手的动作灵活协调	H	M			
	生活习惯与生活能力 目标1 具有良好的生活与卫生习惯	H				
	生活习惯与生活能力 目标2 具有基本的生活自理能力	H				
	生活习惯与生活能力 目标3 具备基本的安全知识和自我保护能力	M				
语言领域	倾听与表达 目标1 认真听并能听懂常用语言		L	覆盖语言领域6个子目标，其中，高关联度有0个，中关联度有1个，低关联度有4个。总体而言，与语言领域具有低关联度。		
	倾听与表达 目标2 愿意讲话并能清楚表达	L	M			
	倾听与表达 目标3 具有文明的语言习惯		L			
	阅读与书写 目标1 喜欢听故事，阅读图书					
	阅读与书写 目标2 具有初步的阅读理解能力					
	阅读与书写 目标3 具有书面表达的愿望和初步技能		L			

续表

"生活·文化"课程			爱生活	亲文化	总计	小结	备注
社会领域	人际交往	目标1 愿意与人交往	M	M	全覆盖社会领域7个子目标,其中,高关联度有3个,中关联度有10个,低关联度有1个。总体而言,与社会领域具有高关联度。		
		目标2 能与同伴友好相处	M	M			
		目标3 具有自尊、自信、自主的表现	H	M			
		目标4 关心尊重他人	M	L			
	社会适应	目标1 喜欢并适应群体生活	M	M			
		目标2 遵守基本的行为规范	M	M			
		目标3 具有初步的归属感	H	H			
科学领域	科学探究	目标1 亲近自然,喜欢探究	M		覆盖科学领域6个子目标,其中,高关联度有0个,中关联度有3个,低关联度有2个。总体而言,与科学领域具有低关联度。		
		目标2 具有初步的探究能力	L				
		目标3 在探究中认识周围事物和现象	M	M			
	数学认知	目标1 初步感知生活中数学的有用和有趣					
		目标2 感知和理解数、量及数量关系	L				
		目标3 感知形状与空间关系					

14

续表

"生活·文化"课程		爱生活	亲文化	总计	小结	备注
艺术领域	感受与欣赏 目标1 喜欢自然界与生活中美的事物	M	H	全覆盖艺术领域4个子目标，其中，高关联度有2个，中关联度有6个。总体而言，与艺术领域具有高关联度。		
	感受与欣赏 目标2 喜欢欣赏多种多样的艺术形式和作品	M	H			
	表现与创造 目标1 喜欢进行艺术活动并大胆表现	M	M			
	表现与创造 目标2 具有初步的艺术表现与创造能力	M	M			

二、幼儿园"生活·文化"课程内容

（一）课程内容的具体构成

1. 生活体验

（1）食育活动

食育活动着力于饮食文化、营养膳食、种植体验、餐桌礼仪、烹饪体验五个方面，旨在帮助幼儿获得辨"食"的知识，萌生惜"食"的情感，培育健"食"的观念，提升制"食"的能力。

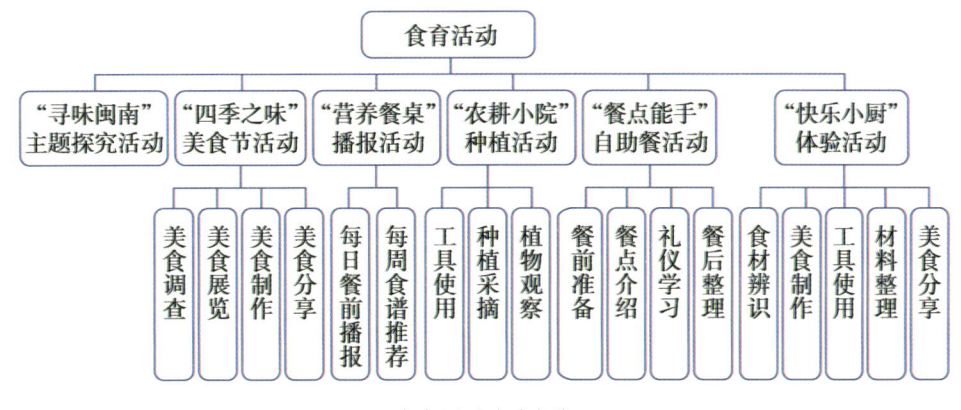

食育活动内容框架

食育活动在各年龄班的具体安排见表 2-3。

表 2-3 "寻味闽南"活动内容各年龄班安排表

年龄班	"寻味闽南"主题活动内容
小班	主题一：家的味道 主题二：甜甜的闽南味 主题三：金鱼巷美食记
中班	主题一：炸物一条街 主题二：番薯美食变形记 主题三：家乡的味道（海之味、山之味、地方小吃尚出名）
大班	主题一：节日里的闽南美食 主题二：节气里的闽味（有"福"美食） 主题三：闽南人的生活智慧 主题四：来自世界各地的味道

（2）劳动活动

结合现阶段家长重知识、轻动手能力的家庭教育现状，考虑到幼儿期是幼儿从依靠父母向自理过渡的重要阶段，是培养幼儿生活自理能力的关键期，我们将劳动教育渗透在幼儿的一日生活中，内容包含自助餐点服务、机幼娃大扫除、种植劳动实践等三大模块，让幼儿在生活中劳动，在劳动中学习，在学习中增长智慧，树立独立、自主、友善、感恩、勇敢、乐观的良好品格。

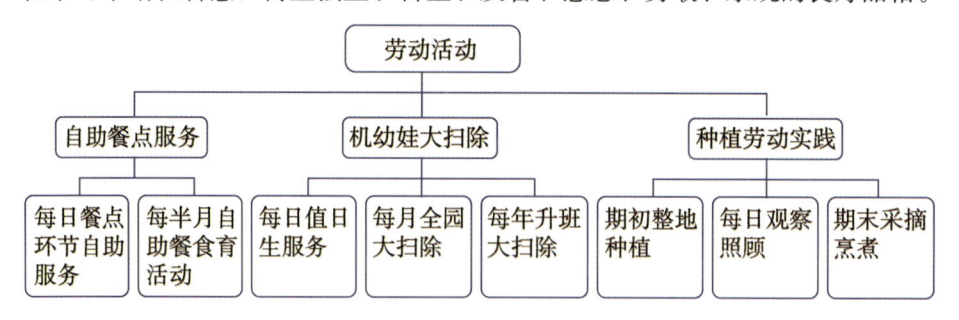

```
                        劳动活动
         ┌─────────────────┼─────────────────┐
      自助餐点服务        机幼娃大扫除         种植劳动实践
      ┌────┬────┐      ┌────┬────┬────┐    ┌────┬────┬────┐
   每日餐  每半月   每日   每月   每年   期初   每日   期末
   点环节  自助     值日   全园   升班   整地   观察   采摘
   自助    餐食育   生服   大扫   大扫   种植   照顾   烹煮
   服务    活动     务     除     除
```

劳动活动内容框架

（3）运动活动

运动活动是以激发运动兴趣、培养良好品质、形成健康生活态度为目标，以提高身体素质为核心的活动。活动内容包含：（1）常规性教学活动，即根据基本动作设计的大中小班的常规性的体育教学活动，包括中大班的足球教学活动、小班体能教学活动等。（2）自选性区域活动，即能对幼儿动作能力发展、心理发展构成挑战的晨间户外自选游戏。（3）综合性专题活动，即以足球或闽南游戏为主题的"机幼娃运动会"。

2. 文化品味

根据幼儿喜美食、好动手、爱玩耍的特点，我园选择闽南美食、闽南艺术、闽南游戏三大内容作为闽南文化建构的切入口。而在闽南文化中，节庆民俗又是其重要组成部分。由此，我们还选取五个（春节或元宵、清明、端午、中秋、冬至）对于闽南人来说最为隆重而有意义的节日，将之与闽南美食活动嫁接，形成"知民俗、探美食、趣体验"的传统节日活动。同时，为弥补课程的短板，达到内容均衡的目的，通过对幼儿兴趣的捕捉和对活动价值的审视分析，形成了"四礼五节"的园定节庆活动。

（1）闽南艺术活动

闽南艺术活动的具体内容见表2-4。

表2-4 闽南艺术活动内容

类型	年龄段	闽南艺术活动预设内容
民间生活类技艺	小班	簪花围、润饼皮制作
	中班	惠安女服饰、蟳埔女服饰、润饼皮制作、源和堂蜜饯制作
	大班	纸织画
闽南古建筑与名胜	中班	花砖、闽南古厝
	大班	花砖、闽南古厝、泉州十八景、佛教寺庙
古城民俗演艺	中班	拍胸舞、舞龙舞狮、攻炮城
	大班	火鼎公婆、高甲戏、舞龙舞狮、攻炮城
民间艺术类技艺	小班	妆糕人、信封偶、纸盒偶、手指偶、单根杖偶
	中班	剪纸、妆糕人、多根杖偶、布袋偶、掌中偶、提线偶
	大班	剪纸、花灯、科学偶、环保偶

(2) 闽南游戏活动

闽南游戏活动的具体内容见表 2-5。

表 2-5　闽南游戏活动内容

类型	年龄段	闽南游戏活动预设内容
民间游戏	小班	骑大马、老鼠钻壁空、石头剪子布、揾孤鸡、丢手绢、点油点兵兵、捉迷藏
	中班	阿婆去买蚝、斗鸡、踢沙包、跳房子、蚂蚁扛蜈蚣、老鹰捉小鸡、高跷、十二猪母跟人走
	大班	绑手绢、抓石子、攻炮城、弹珠乐、拍纸片、划龙舟、陀螺、纸飞机、跳皮筋、抬花轿、戽虾戽蛟蚕
闽南童谣	小班	《羊仔囝》《羞羞羞》《一只老鼠仔》《天乌乌》
	中班	《阿婆去买蚝》《天上一块铜》《打铁哥》《闽南小吃谣》《我是大粒上元圆》《泉州小姑娘》
	大班	《戽虾戽蛟蚕》《婴仔婴婴困》《海龙王要娶某》《树顶一只猴》《咱厝在海乾》《扒龙船》

(3) 节日节庆活动

①传统节日活动

闽南的民俗文化与闽南人的日常生活、节日息息相关。而每一个闽南传统节日总是有相应的传统食物来佐证。为此,我们从幼儿的实际生活和兴趣入手,选取春节(元宵)、清明、端午、中秋、冬至这五个对于闽南人来说最为隆重而有意义的节日,将中国传统节日文化渗透到幼儿的一日生活中,让幼儿在异彩纷呈的民俗艺术中感受文化魅力,在趣味盎然的民俗游戏中书写童年回忆,在传统节日美食中品尝家乡味道。

②园本典礼活动

园本典礼活动主要包括"四礼"活动,即开学典礼、升班典礼、闭学典礼、毕业典礼,旨在让全园幼儿在特定的场合、特定的仪式活动中,感受特定的活动氛围所带来的心灵的震撼,在潜移默化中得到熏陶、感染。

表 2-6　园本典礼活动内容

内容		具体价值取向
四礼	开学典礼	*每学期开学时庄重的、有情味的仪式活动。 *让儿童清晰地意识到自己的成长和变化，对新的学期充满期待和向往，让开学变得更美好。
	升班典礼	*每年6月最后一周，为小班和中班小朋友专设的仪式活动。 *让儿童参观升班后的新活动室，和小伙伴一起整理班级和自己的物品并搬迁、整理到新活动室，让儿童清晰地意识到自己的成长，并逐渐改变自己的行动。
	闭学典礼	*每学期期末针对本学期的成长做阶段性的回顾、总结，以期用更好的姿态迎接新的学期。 *以学园名誉表彰"学习、劳动、才艺、文明、爱心"之星。 *围绕假期的安全教育，开展多种形式的宣传活动。
	毕业典礼	*每年6月专为大班毕业生准备的仪式活动。 *让儿童体验毕业离园时与老师、同伴、幼儿园的惜别之情，同时实现从幼童到小学生的转变，接纳新的社会角色，体会生命成长的意义。

（二）课程内容与《指南》中课程内容的对应关系

表 2-7　"生活·文化"课程内容与《指南》五大领域课程内容的关系

"生活·文化"课程内容		《指南》五大领域课程内容				
		健康	语言	社会	科学	艺术
生活体验	食育活动	√		√	√	√
	劳动活动	√		√		
	运动活动	√		√		
文化品味	闽南艺术活动			√		√
	闽南游戏活动	√	√	√		√
	节日节庆活动			√		√

19

从表2-7可知，在"生活·文化"课程内容所涵盖的《指南》五大领域课程内容中，健康、社会、艺术三个领域的课程内容所占比重相对较大，而语言、科学两个领域的课程内容所占比重则相对较小。该表提示，在幼儿园课程的实施过程中，应注重共同性课程和选择性课程在领域内容上的相互融合，并在共同性课程的开展中，适当偏向语言、科学这两大领域，以保持幼儿园课程在实际实施过程中的"领域的平衡性"。课程内容的平衡是课程目标的全面性实现的基础，也是重要保证。

第三章
幼儿园"生活·文化"课程实施与评价

一、幼儿园"生活·文化"课程实施

"生活·文化"课程将内容实施融入幼儿的一日活动中，通过生活、游戏、学习、运动、研学等五个途径来实施。教师追随儿童兴趣，抓住契机，努力使课程的实施成为"以儿童为本位"的动态发展过程。

（一）课程实施途径与形式

1. 生活活动

这里的生活活动是狭义的。生活活动是幼儿园一日活动的重要组成部分，贯穿一日生活始终，对幼儿的身心发展起着重要的作用。生活活动着力于培养幼儿良好的生活卫生习惯；帮助幼儿了解初步的卫生常识和有规律的生活秩序；培养幼儿独立生活的能力和劳动观念。"生活·文化"课程不仅重视生活活动的教育价值，还追求其教育品质，更注重培养幼儿在生活活动中实现自理、自主，遵守规范，并从中获得愉悦。

（1）自助餐点

根据幼儿的需求和年龄特点选择适宜的餐具，餐点环节播放轻音乐，积极为幼儿创设轻松愉悦的就餐环境。自助式餐点可以让幼儿按需自助取餐，中大班幼儿还能根据自己的需求选择餐位。在自助餐的食物选择和食谱制定上，我们既尊重幼儿的口味需求，又做好营养搭配，同时重视加强对幼儿文明进餐礼仪的培养。

（2）自主劳动

自主劳动主要有基础劳动和种植劳作两个项目。首先，我们将基础劳动项目与一日生活相结合，创设参与性劳动环境，为幼儿提供尽可能多的劳动机会和条件，如喝水、漱口、摆放桌椅、整理衣物玩具等，让幼儿在生活中自然习得自我服务和服务集体的基本技能，其中包含自我服务类和服务班级的值日生类。值日生主要参与班级的卫生管理，如每日上午擦拭桌椅、矮柜，入离园承担自然角和种植园地的照养，餐后协助生活老师整理桌椅、餐具等。其次，将劳动与学园环境相结合，将学园公共区域划分成几个责任区，开展每两周一次的大扫除活动，邀请中大班幼儿参与收纳整理，支持幼儿更加全面地参与劳动。基础劳动明确项目的开展和推进均以幼儿为主体。具体实施步骤如下：一是谈话中确立，幼儿具体要做些什么，一日活动中的哪些内容可以进行安排，哪些项目是由个人独立完成或小组合作完成。二是行动中提升，引导幼儿参与为集体、他人服务的活动，比如区域游戏材料和户外体育器械的整理、桌椅和橱柜的清洗及地面的清扫。在此过程中，幼儿扮演的不仅是管理者，也是被监督者。三是问题中探讨，根据不同幼儿的喜好和能力强弱对比，进行找朋友交换、插牌选整理区、结对子互助等活动，提高劳动的积极性。四是合作中达成，将对幼儿劳动方面的培养迁移到家庭，达成一致的要求。种植劳作项目包含作物种植、作物管理、作物采摘、果实加工等环节，主要结合班级的食育课程内容，因地制宜地利用班级窗台、学园的种植区域开展种植劳动，让幼儿亲历种植的过程，自主参与种植作物管理，探究并感悟生命的成长，体验收获的喜悦，分享成熟的果实。

2. 区域与游戏活动

"生活·文化"课程中的区域与游戏活动主要指区域活动和创造性游戏中的建构游戏、角色游戏、表演游戏及晨间户外自选游戏。

（1）区域活动

"生活·文化"课程的区域活动包含班级区域、跨班区域两种形式。在文化品味课程中，设置了旨在传承与创新闽南文化主题的特色区；在生活体验课程中，中大班设置了"快乐小厨"生活劳作区，让幼儿从中了解一些闽南美食的制作方法、食材的营养价值等相关知识。

①基于生活的小班情境式区域

根据小班幼儿的兴趣点和关注点,我们创设贴近幼儿生活的区域情景,并与区域活动有机融合,巧妙融入与小班幼儿学习能力和水平相适应的各领域课程内容,让幼儿在活动中快乐游戏、自主建构,成为活动的主体。例如在生活区中,根据幼儿兴趣点创设了生活情境——"育婴房",从一开始产生帮助娃娃洗澡的浓厚兴趣,再顺着幼儿的兴趣点和困惑一起梳理问题:第一,洗澡时先洗哪里?哪些地方不能碰到水?第二,天气冷了,水凉了怎么办?第三,水脏了要怎么办?最后,再想办法一步步完善"育婴房"的各种设备等。随着这一系列活动的推进和深入,一步步延伸,让幼儿在温馨的"育婴房"里为娃娃洗澡→为娃娃按摩→给娃娃换尿布→给娃娃穿衣服→给娃娃喂奶。在生活情境中,幼儿实现自主探究,通过实际操作锻炼自身的生活技能,积累相关知识和经验,自然而然地获得各种生活技能。

同时,通过走进文化—拓展资源—整理筛选—重新构建等方式对优秀闽南文化资源进行整理和筛选,并综合小班幼儿的年龄特点和发展规律、兴趣和能力等多重因素,选择与幼儿生活密切联系的内容、能拓展幼儿经验和视野的内容、有利于幼儿操作并具有一定挑战的内容。如益智区"渔人码头"——幼儿变身蟳埔女、渔夫,在闽南渔村的情境中将点数、排序、序数等数学知识融入幼儿喜欢的钓鱼、晒鱼、卖鱼的游戏中;闽南美食区"甜甜的"——幼儿从糖人入手解锁水果糖串、有趣糖画、甜蜜糖心;在表演区"囡仔的彩街"——幼儿在闽南彩街的表演中哼唱闽南童谣、表演火鼎公婆……从幼儿的视角重新审视泉州传统文化,让幼儿感受到闽南文化是好看的、好听的、好玩的、好学的,使其成为幼儿成长的新动力。

②基于闽南文化的中大班跨班区域

A. "印象源和堂"场馆式区域

中班以"印象源和堂"为背景,各班选取一种泉州非物质文化内容作为主题,围绕几种艺术表现形式,如表演、手工、建构、烹饪等,通过区域活动创设深化和完善体验式、探究式、合作式、分享式的"闽南文化场馆式展馆"。如"闽南建筑体验馆"创设了古厝建筑工地、镂空窗印制坊、古厝手工作坊三个区域;"闽南剪纸体验馆"创设了趣味剪纸坊、窗花设计坊、剪纸小秀场区域;"蟳埔渔村体验馆"创设了蟳埔小剧场、蟳埔海鲜馆、蟳埔加工坊;"泉州木偶展馆"创设了木偶手作坊、木偶小剧场区域。在一个阶段的班级区域探究学习后,为了让幼儿更好地体验多元文化的呈现形式,积极地学习与传播班级主题的相关文化,我们借助跨班区域,为本班的幼儿提供了一个展示成果的平台,也借助班与班之间交流与学习,帮助更多幼儿获取多元的闽南文化。鉴于中班幼儿的年龄特点,他们可能是本班展馆的策划者、筹备者、传播者,但在跨班游戏的过程中,他们是其他班级展馆的体验者。

B."热闹府文庙"跨班式区域

大班以"热闹府文庙"为背景,以"古味年货铺""闽南大剧院""快乐童玩馆""民间工艺坊"为主题,各班结合幼儿的兴趣和游戏的需要自主选择一个主题,并由此引发了幼儿自主地进行一系列游戏活动准备的探究。活动中,教师给予幼儿更多自主探究、亲身体验的机会,通过材料、经验、策略等多途径的有效支持,以"玩""说""记""展"等多种方式,让幼儿在融自主性、操作性、传承性和创造性为一体的富有意义的学习活动中,逐步地提升倾听、表达、合作、探究等能力,实现一次次新旧经验的重整和再生。"热闹府文庙"跨班式区域活动的范式见下图。

教师 → 讨论项目 → 材料准备 → 观察评价 → 分析交流 → 反思调整

幼儿 → 讨论调查 → 内容筛选 → 场地规划 → 人员分工 → 自主预约 → 活动初体验 → 问题再现 → 调整再活动

"热闹府文庙"跨班式区域活动范式

C."美食游品会"生活体验区域

中大班以"美食游品会"为背景,以种植→烹饪→品尝的形式开设了"麦芽糖""番薯的故事""炸菜粿""花生汤圆"等主题,各班结合班级种植区、生活馆及幼儿的兴趣选择一个主题,以食物为载体,以"知""情""礼""行"四个维度为核心,开展一系列主题实践活动。在活动中,选种—播种—移植—收获的种植过程、洗—切—炒—包等劳动过程,让幼儿不仅体验到从种植到收获的全过程,还享受到烹饪种植成果、品尝美味的喜悦,感受到食物的来之不易,也体验了成功与分享的快乐。

(2) 建构游戏

围绕文化品味课程的目标，我们结合中大班幼儿的年龄特点、兴趣点和周围环境，积极将闽南特色建筑纳入建构主题中，开展基于幼儿已有经验的项目式、体验式游戏活动，并以真实问题为导向的建构游戏。借助这一类型建构游戏的开展，让幼儿了解闽南特色建筑文化，进而了解自己生活世界中的闽南文化。

①基于儿童本位的游戏形式

在主题确定前，根据幼儿的年龄特点、兴趣点和周围环境，根据幼儿投票情况来决定建构主题内容。如大班主题建构"西街——美食一条街"，是在美食游品会的筹备过程中幼儿为更好地呈现、售卖自己制作的美食，以身边的西街为范本而拓展出来的建构主题。为了更好地呈现西街多样的富有闽南建筑特色的古厝群，幼儿通过走访调查、资料收集，对闽南传统建筑名字、外部结构、形状特征有了深入了解，最终以造型的方式来创造性地表现对"美食一条街"的理解。在材料选择上，根据调查问卷，幼儿发现、收集身边可利用的各种材料；在环境布置上，体现幼儿参与的过程、设计的图纸、发现的问题、解决的办法、获得的经验；在活动开展中，幼儿自主协商，挑选想要合作的伙伴、使用的材料、设计的图纸；在活动评价中，幼儿自主观察、评价同伴的作品，发现他人的闪光点，提出可以进一步改进及调整的地方。

②基于真实问题的游戏发展

在主题建构过程中，我们始终围绕信息收集—游戏规划—建构实施—游戏评价—问题讨论—反思调整六大流程，以问题为导向作螺旋式的上升，不断地循环、推进、发展，在潜移默化中增进幼儿对闽南传统建筑文化的了解，使幼儿获得更多传统文化的熏陶。如大班大型建构主题"家乡的桥"，是一次洛阳桥的亲子研学活动后所确定的建构主题。在建构主题确定之后的实施阶段，幼儿始终围绕"桥怎么建""洛阳桥的桥墩、桥洞怎么建""怎么建一条大家都可以稳稳地走的桥"等一系列的建构问题来推进游戏的发展。

(3) 角色游戏

二楼的游戏天地是为幼儿量身定制的角色游戏场。角色游戏的开展，可让幼儿在原有经验的基础上，对社会角色、现实生活进行模拟与创造，并在游戏中形成合理的社会分工,促使其在发现—再现—表现生活的过程中获得社会性发展。

①基于儿童本位的游戏形式

角色游戏场以儿童为中心。游戏的设置、开展、调整,我们始终把权利交到幼儿手上,充分体现"儿童本位"的游戏观。幼儿可自己规划游戏,选择玩什么、怎么玩,也可自由讨论选择店铺,并为店铺取名。自主选择游戏,尊重幼儿不同的游戏发展水平,让幼儿在慢慢适应与选择中体验快乐和满足。幼儿可自己调整游戏,在游戏后开展自我评价、游戏分享、下期规划等,进行游戏经验梳理和总结,为下次游戏打下扎实的基础。

②基于真实生活的渐进式游戏场景

2014年以来,学园一直以闽南文化为内容进行课题开展,二楼游戏天地自然成为角色游戏场。出于小班和中班上的幼儿角色游戏需要,部分相对固定的闽南传统美食店铺仍然保留;中班下或大班则随着游戏水平的递增,以合作、互补游戏为主,创设以"社区"为场景的小社会游戏。

③基于真实冲突的生成式游戏情节

真实的游戏冲突是促进游戏情节发展的关键,在角色互动冲突、店铺运营冲突、付出和回报冲突中,儿童基于自身的生活经验,不断地讨论、调适,生成新的游戏情节,从而促进其认知、情感及社会性等方面的发展。

(4)表演游戏

表演游戏是一种以扮演角色为手段反映现实生活的戏剧活动,而闽南童谣作为非物质文化遗产,其内容丰富多彩又充满童趣,能在潜移默化中增长儿童的知识。结合闽南童谣运用于表演游戏的教学策略,是对闽南童谣作品进行再创造的一种创造性活动。各年龄段以一首首优美动听的闽南童谣,如小班以《山海洞头》《地名谣》《迎客歌》、中班以《渔歌对唱》《指纹谣》《乞鸟歌》《天黑黑》、大班以《划龙船》《海龙王娶妻》《烤船谣》《黄鱼穿金袍》等耳熟能详、脍炙人口的闽南童谣,通过适当的改编,以表演游戏与童谣剧相结合的方式,在幼儿生动有趣的表演中呈现出来。他们用稚嫩的童声和灵动的肢体将闽南童谣所蕴含的民俗风情演绎得淋漓尽致。

我园资源库收录的多首闽南童谣已经有了一定的游戏情节框架。为了让表演游戏开展的阶段性目标更加明确，游戏开展更有计划性，我们将表演游戏分为角色理解表现—故事表演—游戏创作三个阶段实施。在幼儿完成对童谣中的故事和角色的理解，初步能将故事完整、连贯地表现后，我们通过游戏创作来帮助幼儿将表演向更加生动、有趣、有质的方向发展。我们还通过组织充分的"讨论—表演—评价—改进"的探索活动，帮助实现故事情节不断丰富和完善。

（5）户外自选体育游戏

户外自主运动空间的设计和游戏设施的布置考虑到儿童活动多样性的需求，设计融参与性、多样性和趣味性于一体。在户外自选游戏场地的全面规划中，我们既设置了体育动作技能练习区，又规划了自主游戏区。如"智勇攀爬区""球类挑战区""弹跳飞人区"等情景式技能练习区，做到既丰富多样又布局合理，为幼儿提供发展走、跑、爬、跳等基本动作的场所。同时提供低结构材料，如油桶、绳子、布板、梯子、轮胎、呼啦圈等，鼓励幼儿自由组合，大胆创新玩法。当然，区域划分不是一成不变的，要根据幼儿动作发展的情况、兴趣点以及季节的变化对各区内容、空间进行科学、合理的调整。在晨间以年段为单位的户外自选游戏中，每个区域由一到两名本段教师负责，情景式技能练习区组合材料要根据区域动作发展情况，项目相对固定，并配备一个带有颜色的手环，幼儿自由选择打卡区域和打卡顺序后参与挑战，完成打卡及参与一项挑战就可以获得一个手环。一个阶段后，教师对整体幼儿动作发展情况进行综合分析，对个别幼儿动作发展或参与情况进行简要分析，并与年段教师及幼儿讨论，提出下一步调整的方向及措施。户外自选游戏流程见下图。

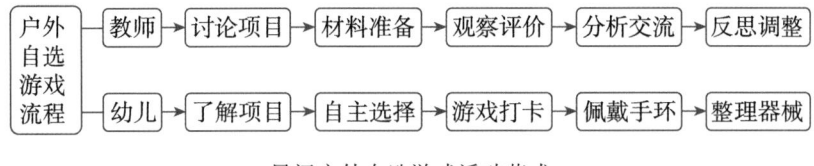

户外自选游戏流程	教师	讨论项目 → 材料准备 → 观察评价 → 分析交流 → 反思调整
	幼儿	了解项目 → 自主选择 → 游戏打卡 → 佩戴手环 → 整理器械

晨间户外自选游戏活动范式

3. 主题活动

学习活动在园内的主要表现形式为主题活动。主题活动是指在集体活动中，以一个主题为线索，围绕主题进行多样化的活动设计，可以根据时间、季节、节日以及幼儿的兴趣灵活地确定内容。

（1）生活体验

生活体验课程要做好教学内容的适宜性筛选。从成熟课程中选择适宜的教学内容，比如有趣的，真实的，深深吸引幼儿的，来自幼儿鲜活生活的，富有意味的，有利于幼儿学习发展的，做好教学策略的适宜建构。根据活动内容的特质，遵循儿童的学习特点和差异，运用适宜的教学策略，助力儿童建构主题经验。教师在组织过程中可根据课程推进的需要灵活安排，整合预设和生成，共同推进，逐渐形成以探究为取向、以儿童智慧获得为主旨的教学范式。

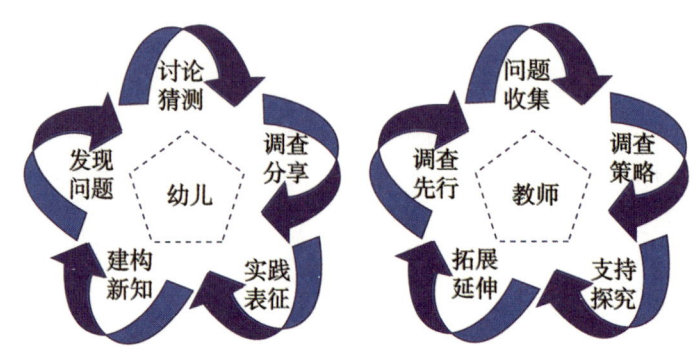

探究取向的主题活动范式

（2）文化品味

文化品味课程要做好教学脉络的适切梳理，遵循儿童学习经验的渐进原则，根据幼儿爱吃、捏、玩的特点，选择闽南艺术、闽南游戏、传统节日三大内容作为特色课程建构的切入口。闽南民间艺术主要采用"观赏—体验—创作—展演"的学习模式，闽南游戏主要采取"熟悉—模仿—创编"的学习模式，传统节日体验采用"知民俗—探美食—趣体验"的学习模式，不断推进课程的开展。

①闽南艺术主题活动

观赏 → 体验 → 创作 → 展演

闽南艺术主题活动重在培养幼儿对艺术形式的欣赏与感受能力，引导其深入理解和体验艺术作品的内涵，同时激发其对艺术创作的想象与表征。通过引导幼儿深入闽南文化基地参观，邀请民间艺术家入园，欣赏网络平台上的各种闽南文化短视频、图片，给予幼儿美好的闽南艺术熏陶；让幼儿在动手制作、动口说唱、合作表演、创意游戏等多元艺术活动中不断丰富艺术启蒙素养，深入地体验闽南艺术，给予幼儿充足的创作养分。在表现与创造环节，我们鼓励幼儿运用多样化的艺术表现形式展示自己对闽南艺术内在魅力的理解，最后以展演的方式进一步提升自身的闽南文化自信。

②闽南游戏主题活动

熟悉 → 模仿 → 创编

课程以"学说闽南话""念唱闽南童谣""制作闽南童玩""共玩闽南游戏"四个维度来开展活动。以闽南童谣为游戏规则的媒介，将闽南童谣与闽南传统民间游戏有机结合，展现古老民间童玩的地方特色和纯真乐趣，激发幼儿大胆尝试与挑战的兴趣。

③传统节日主题活动

知民俗 → 探美食 → 趣体验

从幼儿的实际生活和兴趣入手，选取春节（元宵）、清明、端午、中秋、冬至这五个对于闽南人来说最为隆重而有意义的节日，将之与闽南传统美食特色活动嫁接，形成"知民俗、探美食、趣体验"的传统节日活动。

表3-1 传统节日活动实施安排表

传统节日	知民俗	探美食	趣体验
春节（元宵）	贴春联、贴窗花、守岁、拜年、压岁钱、吃年夜饭 （赏花灯、吃汤圆、猜灯谜、放烟花）	我家的年夜饭、糕粿…… （元宵圆、鸡卷、鱼卷……）	开学新春庙会
清明	扫墓祭祖、踏青、放纸鸢	海蛎煎、润饼菜	春季研学活动 春日美食宴
端午	包粽子、挂香袋、赛龙舟、海上泼水节、水上捉鸭	肉粽、煎堆	玩水大作战

续表

传统节日	知民俗	探美食	趣体验
中秋	博饼、赏月、烧塔仔	月饼	中秋博饼活动 秋季研学活动
冬至	搓冬至圆、捏鸡母狗仔、祭天祭祖	润饼菜、冬至丸、碗糕	冬至美食日

4. 园外研学活动

在研学活动中，幼儿走向自然、走进家乡、走进社会，尝试以前没有做过的事情，认识新的人、事、物，并从中得到收获。研学活动是"活"的课堂，是园外生活的生动延伸。引导幼儿积极将园内学到的知识与社会实践深度融合，形成并逐步提高对自然、社会和自我内在关系的整体认识，具备价值认同、责任担当、问题解决、创造力物化等意识和能力。

（1）周末亲子研学

家长是幼儿园教师最大的后援力量。几年来，学园一直致力于闽南特色课程建构，引领家长军团支持学园课程的开展，落实对幼儿的隐性教育，实现家园共育。一是参与学园特色活动，了解幼儿园的闽南特色课程模式。依据课题开展，幼儿园结合每年的特色主题、传统节日等，开展了融民间艺术、民间习俗等内容于一体的家园互动和周末研学活动。二是参与教研展示活动，提升课程意识。回顾经验，家长代表谈组织体会；把脉问题，梳理组织活动存在的问题与障碍；达成共识，明确教师在策划组织过程中的角色定位；梳理归纳，从不同方案中总结可供借鉴的指导模式。三是参与活动方案设计，明确活动中的角色定位与教育任务。

在园本课程的实施过程中，周末亲子研学活动主要是配合幼儿园课程而开展的活动，以弥补园内课程资源的不足。学期初，教师根据班级主题开展的需求、家长资源预设活动菜单，罗列出几种形式多样的周末亲子研学活动，同时让家长了解每个活动的目的和价值，并对活动的流程、地点、参与人群提出建议。家长可以根据自身的资源、需求、时间来自由选择参与活动。预约清单为家长的参与提供了一些便利条件和选择机会，也满足不同群体家长的需求。活动清单的具体内容见表3-2。

表 3-2　小班"清明话美食"周末亲子研学活动清单

预设主题	活动内容	活动目标	主要流程	推荐地点	推荐参与家长群体
清明话美食	西街亚佛寻润饼	1. 了解美食背后的传统手艺 2. 掌握社会交往技能 3. 品尝多样传统小吃	根据招牌图片寻店—观看润饼皮的制作过程—自主购买润饼皮—找找西街的其他小吃名店	西街	父母
	祖孙携手做润饼	1. 体验劳作乐趣 2. 学习社会交往技能 3. 了解美食的制作方法 4. 增进祖孙情感	发出邀请—采购食材—清洗食材—观看配料制作过程—体验包润饼菜—祖孙共享美食	幼儿家中或班级	祖辈/妈妈
	清明踏春放纸鸢	1. 提高艺术表现力 2. 体验传统游戏的乐趣 3. 感受自然之美	彩绘风筝—亲子放风筝—公园踏青游览	有空旷草地的公园	父母
	踏青寻艾草（鼠粬草）	1. 感受大自然丰厚的资源 2. 品尝清明美食 3. 提高观察与探究能力	踏青—吃艾团—看图寻艾草	山区	爸爸
	制作鼠粬粿	1. 体验劳作乐趣 2. 了解鼠粬粿的制作方法	捣鼠粬草成泥—体验揉面团—观看大人包馅料—品尝成品	幼儿家中	祖辈/妈妈

为了使幼儿获得更为多元的有益经验，我们围绕亲子研学的活动内容形成活动前、活动中、活动后为一体的课程推进模式。详情见表 3-3。

表 3-3　亲子研学活动实施安排表

时间节点	年龄段	内容及形式
活动前	小班	了解家庭小分队的活动内容、参与的同伴
	中班	进行活动内容相关资料的调查、参与活动材料的采购
	大班	进行活动规划（制定路线、邀请同伴、制定研学计划）
活动中	小班	游戏体验式
	中班	任务打卡式
	大班	合作挑战式
活动后	小班	1. 分享活动：以活动评星、活动照片、购买的纪念品、闽南小吃分享自己的活动经历和感受 2. 主题活动：围绕兴趣点进一步丰富相关活动经验
	中班	1. 分享活动：以活动评星、调查交流、晨间播报分享自己的活动经历和感受 2. 主题活动：围绕兴趣点进一步丰富相关活动经验 3. 区域活动：参与探究式、体验式的"闽南文化主题式展馆"活动，积极、主动地学习与传播主题相关经验，在班与班之间的交流与分享中展示、获取多元的闽南文化
	大班	1. 分享活动：以活动评星、调查交流、晨间播报、绘画日记、计划交流等形式分享自己的活动经历和感受 2. 主题活动：围绕兴趣点进一步丰富相关活动经验 3. 跨班区域：参与自主式、探究式、合作式的"闽南庙会跨班式区域"活动，在自主生成的主题背景下通过班班联动，在互动、交流、分享、合作中，进一步深化、探究、获取更为多元的闽南文化

（2）春秋游研学

泉州是闽南文化的发祥地，是我国非物质文化遗产的聚集区，涵盖了民间文学、传统音乐、传统技艺等，项目众多、内涵丰富，独具特色、异彩纷呈。如 2021 年春，我园开展了主题为"赏民间瑰宝　品非遗之美"的研学实践活动。具体活动内容见下图。我园利用春秋游的契机，带领幼儿近距离地接触家乡的民间瑰宝，感受家乡变化和发展，激发幼儿热爱家乡的情感。

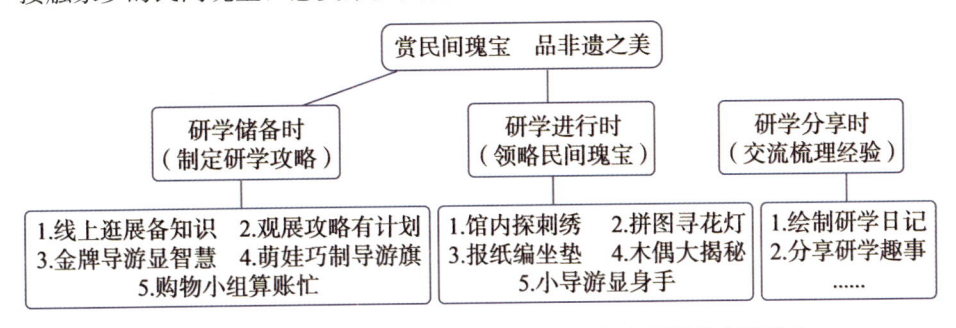

```
                    赏民间瑰宝　品非遗之美
         ┌──────────────┬──────────────┬──────────────┐
     研学储备时          研学进行时          研学分享时
   （制定研学攻略）    （领略民间瑰宝）    （交流梳理经验）
  1.线上逛展备知识    1.馆内探刺绣      1.绘制研学日记
  2.观展攻略有计划    2.拼图寻花灯      2.分享研学趣事
  3.金牌导游显智慧    3.报纸编坐垫      ……
  4.萌娃巧制导游旗    4.木偶大揭秘
  5.购物小组算账忙    5.小导游显身手
```

"赏民间瑰宝　品非遗之美"——大班 2021 年春季研学实践活动

（二）课程实施周计划

我园课程体系包括"生活·文化"课程和共同性课程[①]，在课程实施过程中，必然面临两部分课程比重的处理问题。表 3-4 是我们在一周课程活动中，对这两部分课程活动的占比做了一个框架性的安排。本框架性的安排只是表明我们在课程实施过程中充分关注课程的平衡性原则，表明我们关注幼儿身心的全面健康发展。本周计划安排可以根据课程实施的具体情况进行灵活调整。

表 3-4　"生活·文化"课程与共同性课程周安排表

课程时间	星期一	星期二	星期三	星期四	星期五
课程类型	"生活·文化"课程	共同性课程	"生活·文化"课程	共同性课程	共同性课程
	共同性课程	"生活·文化"课程	共同性课程	共同性课程	共同性课程

---

① 我们认为，幼儿园课程是由共同性课程和选择性课程两部分构成的。这里的"共同性课程"指的是由各省市审定并出版适合本地实际的相应的幼儿园教师教学参考用书；"选择性课程"指的是幼儿园根据实际情况，自主研发或对"共同性课程"改编的课程。

续表

说明	1. 每周1次体育活动，两周1次社会活动，每月1—2次科学活动，每月1次的语言活动、身心保健（食育课程）作为选择性课程 2. "生活·文化"课程中的主题活动包含两种类型：一是伴随节日节庆活动或研学活动而生成的小主题活动，周期为一到两周；二是通过对幼儿兴趣的捕捉和对活动价值的审视分析而自主生成的大主题活动，周期可为一个学期，将内容有机渗透到每周的学习活动、游戏活动、研学活动中。在主题开展过程中要确保每周一到两个课时，所涉及的领域学习活动要根据主题内容的选择、主题推进的需要进行动态调整。具体详见表3-5、表3-6 3. 节日节庆课程课时安排：节日当周，通过对幼儿兴趣的捕捉和对活动价值的审视分析，有机渗透到国旗下主题谈话活动、学习活动、游戏活动、社会实践活动中，确保两到三个课时

表3-5 闽南文化课程课时安排表

年龄段	上学期	下学期
小班	情景式区域 每月保证1次周末亲子研学活动、1次闽南童谣或闽南游戏活动 1次秋季研学活动，渗透到语言、社会、艺术等学习活动中	闽南特色区域1—2个 每月保证1次周末亲子研学活动、1次闽南文化学习活动 1次春季研学活动，渗透到语言、社会、艺术等学习活动中
中班	闽南特色区域2个 每月保证2次闽南文化学习活动 角色游戏（闽南游戏城）一学期8次 1次秋季研学活动，渗透到语言、社会、艺术等学习活动中	场馆式区域 角色游戏（闽南游戏城）一学期8次 结构游戏：每学期1次闽南文化主题建构 1次春季研学活动，渗透到语言、社会、艺术等学习活动中
大班	跨班式区域 每月保证2次闽南文化学习活动 角色游戏（闽南游戏城）一学期8次 结构游戏：每学期1次闽南文化主题建构 1次秋季研学活动，渗透到语言、社会、艺术等学习活动中	闽南特色区域1个 每月保证1次闽南文化学习活动 1次春季研学活动，渗透到语言、社会、艺术等学习活动中

表 3-6　食育/劳动活动课时安排表

内容		课时安排
食育活动/劳动活动	"营养餐桌"播报活动	每日餐前播报及每周学园营养食谱推荐
	"快乐小厨"体验活动	每周两次的生活劳作区的美食制作体验活动
	机幼娃大扫除	每月第二周周五下午 1 次
	自助餐点服务及"餐点能手"自助餐活动	渗透到每日两点 1 餐生活环节中；每两周 1 次自助餐活动，与健康、社会活动融合
	种植劳动实践	学期初整地和种植，期末采摘与整理，日常观察与照顾，与自然角有机结合

二、幼儿园"生活·文化"课程评价

我园遵循"强调真实性、过程性评价""关注幼儿对体验生活与文化认同的过程，推崇个别化、发展性评价""结构性记录幼儿的多领域发展，侧重多元化评价"的原则，初步构建了"生活·文化"课程评价体系。我们主要参考《幼儿园课程评价》（虞永平、张辉娟、钱雨、蔡红梅，江苏教育出版社，2009）、《自然教育课程的追寻与实践》（许芊芊，福建教育出版社，2023）书中有关课程方案评价的内容，制定了以幼儿发展与成长评价及教师发展评价为主要内容的课程评价。

（一）评价理念

1. 让评价促发展

评价能促进幼儿、教师、学园的发展。在评价过程中，教师综合分析幼儿的发展情况，适时给予支持和提供策略，能帮助教师洞察幼儿的心路历程、解读幼儿的成长轨迹，促进幼儿发展的同时提高了自身的教育教学水平，进而帮助幼儿园优化课程。

2. 让评价见融合

"生活·文化"课程注重各类课程、各个领域之间的融合，需要评价者以整合的观念去发现问题、给予支持，以促进个体的成长和发展，逐渐形成本土化、园本化的课程评价体系。

3. 让评价看得见

"生活·文化"课程评价让每个幼儿（教师）看见自己的点滴进步，用发展的眼光去看待幼儿（教师）的成长，注重多主体、多角度的评价，增加他们参与活动的主动性。

（二）评价原则

1. 发展性原则

评价是为了更好地发展，在评价的过程中应追随幼儿的发展而发展。因此，评价的指标和方法都应该具有发展的特点。我园"生活·文化"课程评价致力于树立全面质量观、全程质量观和多层价值观，注意收集多样、全面、丰富的评价信息。在实施评价时，不仅关注幼儿的现实表现，还结合幼儿的基础做全面分析，制定多元、开放和具有差异性的评价标准，真实地展现教师、幼儿的成长轨迹和发展历程以及课程的特点。

2. 多元性原则

多元性原则强调评价与课程的结合、教育过程与评价的整合。我园"生活·文化"课程评价坚持多主体和多方法，全面发挥评价功能，使评价结果更具教育性、激励性和导向性，使评价成为教师和幼儿共同成长的过程。

3. 差异性原则

评价不是用一个标准去衡量每一个幼儿，应该用全面、发展、整合的观念去看待。我园"生活·文化"课程评价承认和尊重幼儿发展的特点和差异，正确对待幼儿发展的不平衡性，寻找每一个幼儿的最近发展区，并提供适当的支持和策略。

4. 过程性原则

在实施评价中应注重评价的过程性，善于在日常工作中树立正确的评价观。在评价过程中收集信息，根据评价指标对发展情况进行观察，及时通过评价发现问题，并适时调整教育策略。

（三）评价方法

"生活·文化"课程中的幼儿发展评价应根据幼儿园教育工作的特点、幼儿身心发展的特点等，重视幼儿发展评价和课程的整合，选择简便易学、易于掌握和运用的方法来收集幼儿的发展信息。主要采用以下几种评价方法。

1. 自然观察评价法

自然观察记录是"生活·文化"课程中收集幼儿发展信息、评价幼儿发展情况的主要方法，也是最常用的方法。它是指教师在活动中对幼儿的表现和行为进行自然观察并对所观察的现象进行客观记录，进而做出评价的一种评价方法。因幼儿的生活、游戏、教育活动具有重复性、随机性等特点，教师作为研究者，要有计划地选择并确定观察的内容、范围、条件和方法，有目的地直接观察并记录处于生活、学习、游戏的自然状态下的幼儿的言语、行为、表情等，并结合教育学、心理学理论加以分析，了解幼儿的发展情况（包括自主性、兴趣性、专注性、独立性、创造性、操作的熟练性以及行为习惯等）。

在自然观察时，教师不要对幼儿的行为进行人为的干预和控制，这样才能观察到幼儿自然状态下最真实、最典型、最一般的行为，得到更加真实、丰富的评价信息。"生活·文化"课程中的游戏活动采用的评价方法主要是：基于对幼儿的观察、对幼儿在游戏过程中具体行为的解读分析、调整完善游戏中存在的问题、家园共育双向沟通，开展支持性的多元评价，探究有效记录、多元参与的适宜方法以提升幼儿游戏水平。在不同游戏活动中，幼儿的表现和水平是有差异的，教师对不同性质的游戏指导也不一样。如幼儿生活劳作区观察记录表，详情见表 3-7。

表 3-7　丰泽机关幼儿园生活劳作区观察记录表

观察日期		观察者	
观察对象			
观察目的	了解幼儿在生活劳作区中的操作情况及存在的问题		
观察情景			

续表

		A	B	C	D	E
观察内容	一、操作兴趣（项目可具体）					
	1. 不同等级的行为表现					
	2.					
	二、操作技能（项目可具体）					
	1.					
	2.					
	二、收拾常规（项目可具体）					
	1.					
	2.					
	总分					
情况分析						
建议及措施						

注：1记为1分，2记为2分，3记为3分。

2. 调查分析法

"生活·文化"课程评价中，评价者可按照一定的目的和计划，通过访谈、问卷调查等多种手段直接或间接地搜集幼儿发展的相关信息，从而弄清事实，分析、概括、发现问题，探索教育规律。如与幼儿面对面地交谈是搜集评价信息常用的方法，了解幼儿发展中某些难以用行为表现出来的认识方面的问题，为全面评价幼儿发展提供丰富资料。这种调查具有随机、快捷的特点，可以是正式的，也可以是非正式的。也可以通过对家长和社会上的有关人士调查了解情况，如面向家长的研究性访谈，能从家长提供的信息中更加深入地了解幼儿各方面发展的信息及幼儿"生活·文化"教育的适宜性情况。

3. 个人成长档案法

运用儿童成长档案袋，记录幼儿在课程实施过程中的成长发展历程，通过作品、照片、文字记录，借助幼儿作品取样分析，有意识地收集幼儿有价值的行为表现和作品。利用幼儿、同伴、教师、家长等所做的评价资料等，真实地记录幼儿从活动起始阶段到完成阶段的一系列成长"故事"，从不同角度分析幼儿的行为和表现，激励幼儿向最近发展区发展。

（四）评价项目

"生活·文化"课程评价项目包括课程方案评价、课程活动评价、课程活动中幼儿行为观察评价。

1. 关于"生活·文化"课程方案评价（见表3-8）

表3-8 "生活·文化"课程方案评价表

评价对象	评价内容	分值	得分	评价摘要
课程理念	1. 课程理念的正确性	9		
	2. 课程理念的清晰度	6		
	3. 课程理念的一致性	6		
	4. 课程理念的综合贯通	4		
课程目标	1. 课程方案目标的适合性	9		
	2. 课程方案目标的结构性	6		
	3. 课程方案各级目标之间的连续性	6		
	4. 课程方案目标与课程理念的相关性	4		
课程内容	1. 课程方案内容与目标的一致性	9		
	2. 课程方案内容的适宜性	6		
	3. 课程方案内容的平衡度	6		
	4. 课程方案内容配套教辅材料的丰富性	4		
课程评价	1. 课程方案中评价方案的有无	9		
	2. 课程方案评价主体的多元化	6		
	3. 课程方案评价策略的科学性	6		
	4. 课程方案内容配套教辅材料的丰富性	4		
评价结论（含整改思路与建议）				

资料来源：虞永平、张辉娟、钱雨、蔡红梅：《幼儿园课程评价》，江苏教育出版社，2009年版，第72页。根据需要有调整。

2. 关于"生活·文化"课程活动评价

(1) "生活·文化"课程·班级环境创设评价（见表3-9）

表3-9 "生活·文化"课程·班级环境创设评价表

班级： 评价者：

一级指标	二级指标	三级指标	评价等级 A	B	C
整体环境	材料来源	环创材料源于生活，源于自然，是儿童熟悉且常见的。			
	环境功能	关注幼儿在生活中的成长，能根据幼儿需要设置"班级公约""一日作息""盥洗""饮水"等生活板块，板块内容呈现方式适合该年龄段幼儿的学习特点。			
	儿童自主	能让幼儿讨论、约定班级常规等内容，并让他们自主表达和表现，体现幼儿在环境中的自主性。			
主题环境	内容选择	内容选择凸显主题，能关注多个领域的经验呈现。			
		内容蕴含教育价值，有利于幼儿获得与主题相关的经验，开阔幼儿视野。			
		立足儿童本位，尽可能地展示体现幼儿自主表征的作品、图表，能体现幼儿的经验、问题。			
	动态调整	能根据主题行进做跟进和调整，体现环境的动态支持。			
	布局设计	能从适合幼儿阅读的视角出发进行创设，在板块布局、高度、色彩的设计上做到令人感到舒适、温馨。			
区域环境	材料投放	尽量多地选择低结构材料，便于幼儿创造性地使用和探究。成品材料设计凸显游戏性，能满足幼儿独立或合作游戏的需要。			
		材料丰富多样，能根据幼儿年龄和需要进行设计，体现材料的科学性。			
		注意材料的收集与调整，能随幼儿的兴趣、能力的变化、课程变化做到每月及时更新。			

续表

一级指标	二级指标	三级指标	评价等级 A	评价等级 B	评价等级 C
	收纳整理	区域材料摆放整齐、有序，有能体现幼儿年龄特点的标签，便于检索和收纳。			
	儿童自主	重视和幼儿一起共建区域，允许幼儿按自己的意愿创设区域。			
		提供丰富且充足的辅助性材料，支持幼儿完成创作。			
	儿童痕迹	及时展示幼儿在游戏中的计划和想法，学习性区域除材料外同步投放记录表，鼓励幼儿操作、记录。			
自然角	内容选择	能选择与本年龄段幼儿的科学探究兴趣、能力相适应的内容进行种植、饲养。			
	材料支持	为幼儿提供适宜的支持性、辅助性材料，以利于幼儿开展深度探究。			
	观察记录	幼儿有机会展示有关动物饲养、植物生长的观察记录表。			
		能展示幼儿在探究过程中的"问题""思考""表达表征"等。			
儿童作品	儿童立场	重视幼儿作品，能尽可能多地展示每一个幼儿的美工、建构等不同类型的作品。			
		能在作品上标注"创作者"，让幼儿获得成就感和满足感。			
	艺术美感	能根据作品的特点，对其进行装裱、美化，并有创意地展示幼儿作品。			

(2)"生活·文化"课程·主题教学活动评价（见表3-10）

表3-10 "生活·文化"课程·主题教学活动评价表

活动时间：　　　　　　班级：　　　　　　　　执教者：

活动内容：　　　　　　　　　　　　　　　　　评价者：

一级指标	二级指标	评价等级 A	评价等级 B	评价等级 C
内容选择	内容选择和主题关联性强，贴近幼儿生活，并能引发幼儿学习兴趣。			
	符合幼儿的现有水平与需要，并具有一定的挑战性，有利于幼儿获得本领域或本主题的关键经验。			
活动目标	活动目标符合课程理念，并和主题目标、年龄段目标及课程目标相吻合。			
	目标制定全面，能够关注知识技能的获得和情感态度、能力习惯的培养。			
	活动目标表述具体、明确，可操作，符合幼儿当前的发展水平。			
活动准备	教师使用的教具富有创意，能引发幼儿的兴趣。			
	支持幼儿学习、操作的活动材料丰富，能满足所有幼儿操作的需要。			
	环境创设、材料提供等要有助于幼儿获得新经验。			
	了解幼儿已有经验，重视幼儿活动前的调查和考察活动，做好充分的经验准备。			

续表

一级指标	二级指标	评价等级 A	评价等级 B	评价等级 C
活动设计	活动设计有情境、有童趣，适合本年龄段幼儿的年龄特点。			
	环节架构合理，活动流程转化适宜，能围绕目标达成展开。			
	活动难点预设合理，突破手段多样且有效。			
	关键性提问预设合理，具有针对性、开放性、探究性和挑战性，能引发幼儿积极主动思考。			
	教学方法符合幼儿的学习方式和特点，并能关注幼儿的差异性。			
活动组织	能根据教学现场幼儿的情况对原设计方案做微调。			
	能注意观察和倾听幼儿的表现，关注幼儿生成的需要。			
	活动中的小结提升简洁、清晰，便于幼儿理解，有助于幼儿形成相关经验。			
	关注活动过程中幼儿表现出的良好学习品质，并及时给予肯定。			
活动成效	活动目标达成度高，助推幼儿形成新的经验。			
	幼儿参与活动的积极性高，大部分幼儿能专注于活动。			

3. 关于"生活·文化"课程·幼儿行为观察评价

(1) 闽南文化主题区域活动观察评价（见表3-11）

表3-11 闽南文化主题区域活动观察记录表

序号	幼儿姓名	自主性与计划性		艺术表现		行为习惯		社会交往		精细动作	
		表现行为	表现行为	表现行为	表现行为	表现行为	表现行为	表现行为	表现行为	表现行为	表现行为
		有明确的内容，并能根据自己的需求选择材料，坚持计划，情况能合理调整计划。	愿意分享自己想玩的内容，但内容不稳定。	自主设计创作主题，大胆选择材料，运用材料，大胆表现自己，能根据其实际喜欢的事物，反映生活及课程经验。	随意地进行涂鸦和材料组合，创作主题不形式相结合，更能根据实际情况随机调整。	有目的地在成人的提醒下愿意按材料特质选取适宜的材料，别进行分类整理。	能探索将材料维护、收集、类别图类整理。	积极参与同伴的游戏活动，可以欣赏、赞同、能在引导下更友好地提出请求。	想加入同伴游戏时，可以引导下场，遇到冲突可以友好地提在帮助下主动协商解决的问题。	有目的地动手做简单的手工、涂画、剪圆、沿线剪等，可以更高效地完成作品。自可以根据材料调整姿势和力度完成简单手工作品。	能动手操作较小的材料，各种形态灵活使用的材料、画笔、剪刀、双面胶，各种手工具等，根据材料调整画种简单手工，完成一定复杂的动作。	能精准地操作小的材料，各种形态的材料，进行合作，可以更高效地完成作品。自可以根据材料调整姿势和力度完成一定的动作。	能手眼协调地操作各种形态的材料的动作，较高、较慢、复杂，具有一定手力量。
1											
2											

我园围绕文化品味课程的目标和结合中大班幼儿的年龄特点、兴趣点和周围环境，将闽南特色建筑纳入建筑主题中。在幼儿的建构游戏中，设计结构游戏主题，如"闽南特色建筑""东西街""家乡的桥"等，表达表现等角度对幼儿的游戏情况进行评价。我们从社会交往、建构技能、科学能力、创造想象、表达表现等角度对幼儿的游戏情况进行评价。

(2) 结构游戏活动观察评价（见表 3-12）

表 3-12 结构游戏活动观察评价表

幼儿姓名	序号	自主性与计划性		创造想象		社会交往		行为习惯		表达表现		建构技能		科学能力（数学）	
		行为	表现	行为	表现	行为	表现	行为	表现	行为	表现	行为	表现	行为	表现
		能根据自己的意愿选择搭建的主题、材料，初步尝试说出自己的外部结构，并做好反思计划。	按照自己融合理地选择搭建游戏主题，有计划地选择搭建的主题、材料，共同建立基本的外部结构。	能围绕搭建主题，多元化地使用材料搭建。	较为合理地使用材料和同伴的想法，已经建立搭建的东西。	独自、两两合作或多人自发合作组搭建。	愿意自由结合搭建，愿意努力完成遇到困难时同伴复杂结构。	多人共同商议进行小组搭建，材料分配方法等。遇到问题能在教师的帮助下想办法解决、协商制度规则。	愿意在提醒下轻拿轻放。愿意参与收拾整理。能根据提示收拾和有目的使用材料。	能够保持场地整洁。能根据和合理使用材料。	喜欢讲述自己搭建的作品。	能通过游戏故事清晰地表达自己的游戏过程及感受。	能用游戏故事记录自己的游戏反思。整理和反思乐意与同伴交流分享。能用多种材料表达自己的感法与有关作品。	能用无声的方法表达与建构有关作品。	简单排列、插、全铺、延伸、平合、连接、围桥式连接。	基本能够架空、分割、加高、加长、加宽、砌墙、盖顶、简单对称平衡等技能。运用穿过、联结、转向、斜、平行、交叉模式、塔式、复杂三维立体等技能。	具有初步的点数、数量比较、分类、组合、规律、图形、空间方位等基本数学认识。	在搭建中，积累分等、计量、估量、分类、数量、测量、方向、数位移、方位等经验，并能运用丰富数学相关经验。
1															
2															

(3) 表演游戏发展观察评价（见表 3-13）

表 3-13 表演游戏发展观察评价表

序号	幼儿姓名	自主性与计划性		想象创造		社会交往		情绪表达		语言表达			安全及自我保护			
		表现行为	表现行为	表现行为	表现行为	表现行为	表现行为	表现行为	表现行为	表现行为	表现行为	表现行为	表现行为	表现行为		
		自主计划游戏，根据游戏需求选择材料，按自己的想法主动游戏。	自主创设游戏主题、选择材料，创造游戏情节，能按照自己的意愿不断调整游戏。	平行游戏或进行扮演玩耍，随意、简单随意，能利用自然材料和低结构材料进行以物代物的游戏想象。	小组游戏，自发利用或扮演环境材料，创造性地利用自然材料和低结构材料结合，并能结合需要和材料特征进行一物多用，为扮演游戏服务。	多人（团队）合作游戏，运用生活中的环境和低结构材料组合或替代物进行游戏，对游戏情节进行加工、创编、拓展。	听从劝解并尝试解决冲突，掌握初步的交往技巧。	愿意在成人的帮助下解决冲突，接纳意见，能进行轮流分享，尝试谦让等交往策略。	吸纳别人意见，能提出不同想法，愿意表达自己的意见，能主动制定规则，协商解决冲突，自主解决游戏中的问题。	情绪稳定，能用简单的语言或肢体动作进行表达。	能清楚表达角色的情绪和需要，具有同理心。	愿意表达自己的需要和想法。	愿意与同伴讨论游戏话题，能较完整、连贯地讲述自己经历的事情或扮演的角色或情节。	愿意与同伴讨论游戏中的同伴，能有序、连续、清楚地讲述自己的想法或编故事情节，具有沟通、叙事的能力。	在提醒下遵守规则，能注意安全，不做危险的动作。	知道简单的求助方式（包括游戏情景中幼儿的行为演绎），尝试提出游戏中的安全规则，有初步的规则意识。	知道一些基本的自我保护措施（包括游戏情景中的情况反应），能根据游戏中的安全商量制定遵守游戏中的安全规则。
1																
2																

46

（4）体育活动观察评价

以丰泽机关幼儿园（中大班）幼儿体育动作发展观察记录为例（见表3-14）。

表3-14　丰泽机关幼儿园（中大班）幼儿体育动作发展观察记录表

月份：_____　　　　　　　　　　　　　　　　　　　周次：_____

项目及动作发展　　幼儿姓名	单杠	跳箱	快速过独木桥	跳绳
	支撑击腿：双手撑杆跳上，双脚互击一次自然落地	2米助跑撑手开脚跳成骑坐位，跳箱高度三层	以在平衡木上不掉下为前提，快速跑过平衡木	能连续跳绳，掌握正确的跳绳动作，30秒跳30下以上
周情况分析及调整措施	先对整体幼儿动作发展情况进行综合分析，再对个别幼儿动作发展或参与情况进行简要分析，并提出下一步调整的方向及措施。			

第二部分　实践篇

第四章
幼儿园"生活·文化"课程活动案例·童乐生活

活动案例1：我们的蜗牛日记（小班）

一、活动缘起

自然角的饲养区，家长送来了几只白玉大蜗牛。这群初来乍到的神秘访客，没能逃出小朋友们的火眼金睛，充满好奇心的他们迅速包围了这群大蜗牛，并提出了一个个足以难倒我的问题。由此，小朋友们对白玉蜗牛的探秘之旅也拉开了帷幕。而我则借助蜗牛日记，记录下了小朋友们的奇思妙想以及我们和白玉蜗牛的成长时光。

二、活动过程

4月6日：初识大蜗牛

铭铭：大蜗牛有牙齿吗？它是怎么吃叶子的？

豆豆：大蜗牛为什么喜欢躲在蜗牛壳里？

轩轩：大蜗牛什么时候睡觉？

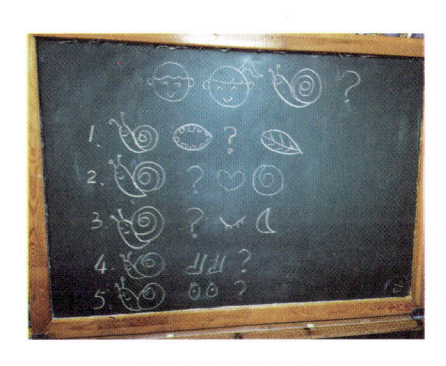

有关大蜗牛的问题

小宸：大蜗牛的眼睛在哪里？

初见大蜗牛，我们有太多想知道的秘密，那去哪里找答案呢？

我们在绘本里找答案

这是蜗牛的牙齿吗　　　　　　　　蜗牛壳真大

雅雅：蜗牛的牙齿好多好多。

思思：蜗牛的牙齿像在排排队。

小宇：这里有好多蜗牛，它们的壳都不一样。

土豆：我喜欢这只小蜗牛，它的壳跟我们的大蜗牛是一样的。

我们在观察里找答案

观察大蜗牛　　　　　　　　　　大蜗牛为什么不动

思思：大蜗牛的身体软软的，碰一下触角它就会缩进蜗牛壳里。

小宸：大蜗牛的身体白白的，触角也是白白的。

正正：我看到大蜗牛一动不动，它可能在睡觉。

潼潼：蜗牛很害羞，不能一直碰它。

小朋友们在绘本阅读、日常观察、同伴分享中找到了有关大蜗牛的秘密：蜗牛满嘴都是牙齿，它们又叫"齿舌"。蜗牛是世界上牙齿最多的动物。蜗牛通常会在白天睡觉。天气太热或太阳很大时，它们会将身体缩进壳里。我们给蜗牛喷水，它会从蜗牛壳里爬出来。大蜗牛的身体洁白，所以叫白玉蜗牛。"哇，太神奇了！"小朋友们都忍不住惊叹道。初次探究的大收获，让小朋友们对白玉蜗牛更加有兴趣了。

4月9日：照顾白玉蜗牛有办法

自从有了白玉蜗牛的加入，自然角变得更加热闹了。小朋友们每天到幼儿园的第一件事就是看白玉蜗牛，给它们喷水。小朋友们知道松树皮有保湿的功效，便投放了很多松树皮，并带了空心菜、小白菜、菜梗来喂白玉蜗牛。

白玉蜗牛在吃绿色的菜叶　　　　　给白玉蜗牛喷水

4月13日：科学喂养蜗牛快长大

小朋友用画画的表征方式画出喂养白玉蜗牛的食物。

给白玉蜗牛吃很多苹果 　　　　　吃南瓜、苹果、萝卜、西瓜

轩轩：我要给白玉蜗牛吃很多苹果。
霏霏：我要给白玉蜗牛吃南瓜、苹果、萝卜、西瓜。
煦煦：我要请白玉蜗牛吃热狗。

吃面包、胡萝卜、葡萄、哈密瓜 　　　　　请白玉蜗牛吃热狗

点心时间，暖暖把自己的小面包分享给了白玉蜗牛吃，引起了其他小朋友的争论。

潼潼：白玉蜗牛是不会吃面包的。
小词：白玉蜗牛喜欢吃绿色菜叶。
年年：我们给白玉蜗牛吃苹果吧。
豆豆：好啊，它跟我一样爱吃水果。
轩轩：我喜欢吃西红柿，我要给它吃西红柿。

蜗牛到底要吃什么？喜欢吃什么？借助班级电脑，我们和小朋友们一起上网搜索、调查，才发现原来蜗牛不能吃带糖和盐的食物。那么蜗牛喜欢吃什么呢？为此，小朋友们开始搜集其他食物来实验。

白玉蜗牛吃西瓜　　　　　　白玉蜗牛吃西红柿

通过一段时间的观察和比较，小朋友们不仅发现蜗牛会吃苹果、西瓜皮、青菜、叶子、西红柿，还发现了一个大秘密，那就是白玉蜗牛不挑食。那么不挑食的白玉蜗牛，每天要吃什么、吃多少，又是小朋友们遇到的新问题。有的小朋友一天投放了两个苹果，导致白玉蜗牛没吃完的苹果引来了很多果蝇。

小朋友每日的食谱

这天，在午餐散步的时候，有小朋友发现厨房门口的食谱图，我顺势介绍："这是我们小朋友的食谱。食谱罗列了小朋友每天要吃的食物。"煦煦说："老师，我们也要做一份白玉蜗牛的食谱。""这个想法很不错。"有了想法，我们立马将其付诸实践，一起来设计白玉蜗牛的每日食谱。

一起设计白玉蜗牛的每日食谱

一起设计白玉蜗牛的每日食谱

瞧，蜗牛的食谱在大家的齐心协力下完成了。

✺ 教师思考

　　自从自然角有了白玉蜗牛的加入，越来越多的小朋友爱上了白玉蜗牛，开始主动自发地照顾这些小生命。他们会给白玉蜗牛喷水，喂它们吃各种食物，每天迫不及待地想来幼儿园看看它们。与白玉蜗牛近距离、长时间的接触，不但满足了小朋友们的观察需求，还激发了他们深入探究的兴趣。在对蜗牛的不断探究中，小朋友们得到了认知的收获，同时在探究的过程中培养了责任心、爱心、细心和耐心，学会爱，学会关心周围的人和事物，收获了更多不一样的体验。

4月16日：清洗蜗牛事件

贝贝：白玉蜗牛身上有黑黑的、长长的东西。

思思：那是便便。

可可：便便好臭，白玉蜗牛会不会被臭死？

说完，可可哈哈大笑，旁边的小朋友听到也跟着笑起来。

老师：白玉蜗牛身上脏脏的，我们可以怎么帮助它？

一起清洗白玉蜗牛

贝贝：我要给它洗澡。

喆喆：每天妈妈都会给我洗澡，我来帮它洗澡。

年年：蜗牛吃的菜叶也很脏，也要洗一洗。这样，蜗牛吃了才不会生病。

正正：我来帮你们将洗好的蜗牛放进饲养区。

清洗工作在小朋友的分工、合作下更加井然有序了。

4月21日：收集工具为蜗牛洗澡

过了几日，霏霏小朋友拿着排笔说要给蜗牛壳洗澡。其他小朋友见了也纷纷从美工区取了排笔试了下。

用排笔清洗蜗牛

煦煦却提出了不一样的意见：奶奶洗碗是用圆圆的刷子（铁丝球）刷的。

雅雅：刷子硬硬的、刺刺的，蜗牛会不舒服。

什么样的工具更适合给白玉蜗牛洗澡呢？小朋友们从教室里收集了很多工具，如铁丝球、海绵刷、棉签、抹布等。

通过实际操作，小朋友们发现用柔软的工具洗刷蜗牛壳，蜗牛不会将身体缩进壳里。

收集的工具 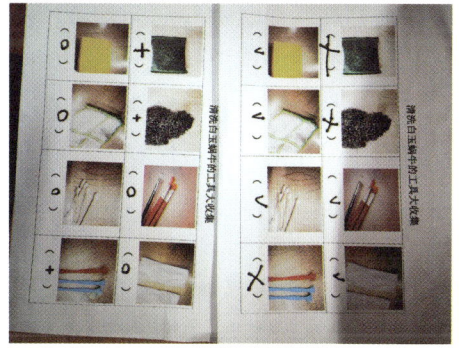　　　　　　　　　　　　清洗工具大收集

4月26日：颜色不一样的便便

在清洗白玉蜗牛的过程中，小朋友们还发现了蜗牛的便便颜色是不一样的。

白玉蜗牛的大便 　　　　　　　　　　绿色的大便

年年：大家快看，白玉蜗牛的便便变色了。

暖暖：它会不会生病了？

楷楷：这里有黑色的便便。

喆喆：你们看，还有黄色的便便。

浠浠：可能是它吃坏的东西了。

土豆：不对不对，我有次吃了红心火龙果，拉出的便便是红色的。妈妈说不用怕，这是正常的。

白玉蜗牛的便便为什么会有不一样的颜色？我没有马上告诉小朋友们答

59

案，而是鼓励他们进行喂食实验。在经过一周细致的观察比较，小朋友们发现蜗牛吃西红柿拉出的便便是红色的，吃苹果拉出的便便是黄色的，吃钙土、蜗牛饲料拉出的便便是黑色的。多次验证后，大家得出一个结论：便便的颜色跟白玉蜗牛所吃的食物有关。

> **✾ 教师思考**
>
> 正如教育家杜威所说："儿童有调查和探究的本能，探索是儿童本能的冲动，好奇、好问、好探究是儿童与生俱来的特点。"小朋友们的科学探究应从身边的事物开始。《指南》中的科学领域则给我们提出了教育建议："认真对待幼儿的问题，引导他们猜一猜、想一想，有条件时和幼儿一起做一些简易的调查或有趣的小实验。"抓住小朋友们对"不同颜色便便"的好奇心，从每天一次的喂食实验开始，小朋友们通过动手实践、观察比较得出结论，其兴趣和科学探究能力也在一次次的实践和发现中获得满足和提升。

4月28日：蜗牛朋友——野蛞蝓（鼻涕虫）

这几天下雨，操场到处是湿漉漉的。在散步的时候，煦煦指着一片叶子，说："老师，我看到蜗牛了。"小词、飞飞、博博都凑了过去，激动地说："我也看到了，是小蜗牛。"

发现叶子上有小蜗牛

在小朋友们好奇心的驱使下，一场寻找蜗牛的游戏开始了。

博博：我在叶子下找到一只小蜗牛。

轩轩：我在花盆里找到好几只小蜗牛。

喆喆：草丛里也有小蜗牛。

在叶子上找到了蜗牛 　　　　　　　细长的叶子上有小蜗牛

在花盆里找到了蜗牛 　　　　　　　在花丛里找到了蜗牛

小朋友们在花丛中、草地里找到了很多小蜗牛。为了不惊扰小蜗牛，小朋友们将找到的蜗牛和叶子一起轻轻地放进盒子里。

61

给白玉蜗牛找朋友

突然，嘉嘉大喊一声："我找到了一只没有壳的蜗牛。"小朋友们都凑了过来，议论纷纷。

飞飞：这不是蜗牛，蜗牛是有壳的。

霏霏：我看到它的触角了，那是它的眼睛。

小德：好像一只黑色的毛毛虫。

黏糊糊的，也没有壳，这是什么？

轩轩思考了一下说："我在书上看到过这个。"说完，他把相关书籍找了出来。小朋友们在对比观察中得出了结论，这只黑色的虫子和书上的图片是一样的，它是野蛞蝓，也叫"鼻涕虫"。其实，它是有壳的，只是悄悄把壳藏在了外套膜底下。

黑黑的、黏糊糊的，是蜗牛吗　　　　　在书上找到鼻涕虫

✽教师思考

通过寻觅、比较，小朋友们对蜗牛的种类有了新的认识，对蜗牛喜欢的环境也有了更多的认知，在亲身体验、实践探究的过程中加深了印象，同时激发了进一步探究的欲望。

除了喂饱白玉蜗牛，我们还能怎么照顾白玉蜗牛呢？一起来看看小朋友们的各种奇思妙想吧！

带蜗牛去摘苹果　　　　　带蜗牛去游泳

涵涵：我要带蜗牛去摘果子。
语嘉：我想带蜗牛去游泳。

带蜗牛出去玩 　　　　带大蜗牛去吃好吃的水果

思思：我想带蜗牛出去玩。
贝贝：我要带大蜗牛去吃好吃的水果。

4月30日：带着蜗牛去散步

为了支持小朋友们的奇思妙想，我们带着白玉蜗牛一起春游。瞧，有的蜗牛在滑滑梯，有的蜗牛在进行游泳比赛，我们还给蜗牛喂了叶子和小红果。

蜗牛在滑滑梯 　　　　蜗牛在进行游泳比赛

一起喂蜗牛吃叶子　　　　　　　　　　请蜗牛吃小红果

在木头人游戏中，小朋友们还模仿白玉蜗牛的样子站立不动。看来，白玉蜗牛已经在小朋友们心中留下了深刻的印象。

用动作模仿白玉蜗牛的样子

5月3日：蜗牛的蛋宝宝出生啦

五一放假前夕，霏霏小朋友带白玉蜗牛回家照顾。没想到，5月3日我们收到了霏霏妈妈发来的惊喜。

原来是我们的白玉蜗牛产卵了。

白玉蜗牛产卵了

5月7日：蜗牛的蛋宝宝从哪里生出来

黄黄的、米粒大的蜗牛蛋宝宝引来了小朋友们七嘴八舌的讨论：蜗牛的蛋宝宝从哪里生出来？小朋友们用画笔将自己的猜想一一画下来。

分组讨论

各小组将猜想记录下来

贝贝：我觉得是从触角里生出蛋宝宝的，触角也是圆圆的。

湉湉：从它的嘴巴里生出来，嘴巴有很多牙齿。

年年：这么多的蛋宝宝是从蜗牛壳里生出来的，因为它的壳很大。

思思：我也觉得是从蜗牛的肚子里生出来的，我小时候也在妈妈的肚子里。

霏霏：不是，不是，是从蜗牛的脖子上生出来的。

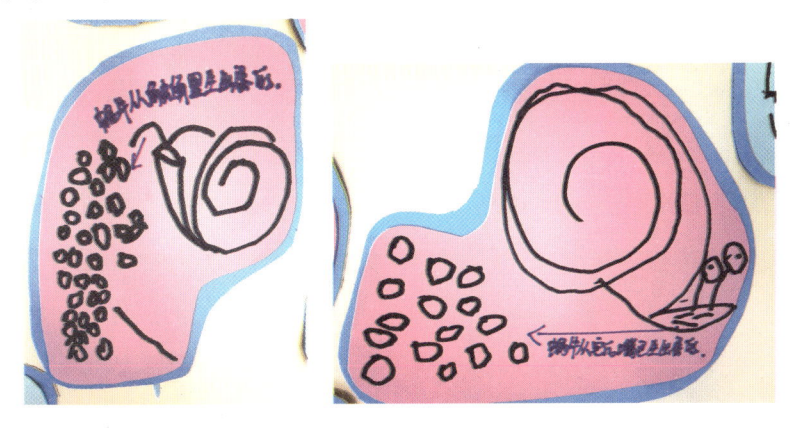

从蜗牛的触角里生出来　　　　从蜗牛的嘴巴里生出来

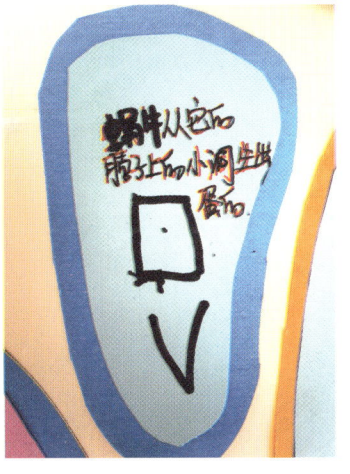

从蜗牛的壳里生出来　　　　从脖子上的小洞生出来

霏霏又补充道："我和妈妈一起用手机查到的，它脖子上有一个小洞会生出蛋宝宝。"

我们借助动画视频验证了霏霏的答案。原来蜗牛的蛋宝宝是从它脖子上的生殖孔生出来的。是不是很惊喜？

霏霏将自己的发现跟小朋友分享　　　　　教师科普产卵知识

蜗牛产卵

回家后，土豆小朋友还画了一幅白玉蜗牛生蛋宝宝的作品，并编了一个有趣的故事跟妈妈分享呢！

幼儿作画

白玉蜗牛春游记

我给白玉蜗牛起了个名字——伟豪哥哥，为什么叫这个名字呢？因为白玉蜗牛长得很高，跟我的伟豪哥哥一样，所以我叫它伟豪哥哥。今天，我们带着蜗牛去东湖公园春游，还有许多小蜗牛做伴。白玉蜗牛可喜欢吃菜叶啦！

5月14日：如何顺利孵化蛋宝宝呢

如何让蜗牛顺利地孵化蛋宝宝，是近阶段小朋友们非常关注的问题。

——蛋宝宝要和蜗牛妈妈在一起。

——要给蜗牛蛋喷水。

——蜗牛妈妈会压到蛋宝宝，不能放在一起。

——蛋宝宝要放在钙土里。

……

小朋友们的想法都很不错。于是，我们开始了孵化蛋宝宝的行动。小朋友们先给蛋宝宝搬家，将其放进一个白色透明的小容器，使其暂时跟蜗牛妈妈分开。但是观察了好几日，蛋宝宝还是没有孵化出来。小朋友们都很着急，又讨论起来：

现在太热了，蜗牛宝宝不想出来。

我们要给蛋宝宝喷水，它才会出来。

孵化蛋宝宝有妙招

为什么蛋宝宝还没有孵化出来？小朋友们猜测可能是天气太热的原因。针对这个问题，我们进行了讨论，小朋友认为蜗牛不喜欢温度太高，蛋宝宝也需要一定的温度，小朋友已经能将已有经验进行迁移。因此，我们将温度计投放到自然角，小朋友看温度计，发现上面的温度超过 32 ℃，为了给蜗牛蛋降温，小朋友想出了每天给蜗牛蛋喷水降温的方法，考虑到蜗牛宝宝出来会饿肚子，小朋友还在底部铺上一些钙土。

日常照顾蛋宝宝

6月7日：蜗牛宝宝出生啦

等待是漫长的。2021年6月7日是一个非常特殊又有意义的日子，我们的第一只小蜗牛终于出生啦，小朋友们兴奋地欢呼起来。

贝贝：我们的小蜗牛出来了。

小麟：我看到小蜗牛的触角啦！

轩轩：小蜗牛的壳看起来很透明。

可可：我妈妈说宝宝一出生，都要有自己的名字。

思思：叫"小白兔"吧。

正正：我喜欢奥特曼。

萱萱：叫它"小可爱"。我觉得它很可爱。

可可：我好喜欢小蜗牛，它是我们的宝宝，叫它"小宝贝"吧。

"小宝贝，你好呀！"暖暖做了一个"嘘"的动作，轻声地说，"我们要小声点，才不会吓到小宝贝。"其他小朋友听后都静静地观察着小蜗牛。

过了几天，第二只小蜗牛也破壳而出。

小蜗牛破壳了 　　　　　　　　　　　蜗牛宝宝出来了

围观蜗牛宝宝

6月23日：白玉蜗牛回归大自然

每次散步经过自然角，小朋友们都要围住白玉蜗牛叽叽喳喳地聊起来。到底在聊什么呢？原来是在讨论小蜗牛太多而空间不够的问题。于是，我们组织小朋友们进行了一场讨论大会。

贝贝：越来越多的小蜗牛破壳了。

可可：是啊，小蜗牛爬来爬去会压坏蛋宝宝的。

词词：很多小蜗牛撞在一起，很容易受伤。

涵涵：我觉得小蜗牛天天被关着很难受，它们也想出去散步。

轩轩：上次妈妈告诉我小动物的家是在大自然中，我们还将家里养的小乌龟放到放生池里。

土豆：我的小乌龟也在放生池里，爸爸还带我去看它晒太阳、游泳呢！

老师：大家有什么好办法可以让我们的小蜗牛既安全又自由呢？

思思：我们也把小蜗牛放生吧，让它可以到处走走。

正正：小蜗牛喜欢阴凉的地方，我们后操场的草丛很阴凉，它一定会喜欢的。

佳佳：好啊好啊，这样我们每天散步都可以看到它了。

和小朋友们商讨后，大家一致决定送白玉蜗牛回归自然。在一次散步中，小朋友们一起将白玉蜗牛放生到草坪上，让白玉蜗牛住在自己喜欢的地方。

相处时间久了，小朋友们和蜗牛已经有了感情。为了怀念白玉蜗牛，小朋友们运用了多种形式表达了对白玉蜗牛的喜爱：手工制作会动的蜗牛、借助扭扭建构拼搭蜗牛的形态、模仿白玉蜗牛进行爬行比赛以及用轻黏土制作蜗牛画像。

制作会动的蜗牛

第二部分　实践篇

我给蜗牛贴上触角 　　　　爬呀爬呀，我的蜗牛宝宝

我是大力士蜗牛 　　　　我是蜗牛公主

蜗牛爬行比赛

73

制作蜗牛画像

照顾白玉蜗牛，也萌发了小朋友对其他小动物的情感。

彤彤：我家里养了一只小白兔，它的耳朵长长的，所以我给它取了一个名字叫"长耳朵兔子"。爸爸说长耳朵兔子还小，还不能自己走，不能跟我上幼儿园。等它长大了，我想带它去公园散步。

暖暖：我家里也有一只很可爱的小狗，我会喂它吃狗粮，它小小的，我很喜欢它。

湉湉：我家里养了好多乌龟，这些乌龟很大。我会给它换水。

小朋友们的蜗牛之旅结束了，但他们的探索之旅才刚刚开始。生活和教育，与大自然的旅程还在继续……

三、小结与反思

幼儿阶段正是发展亲自然情感的关键时期。相比于仰望高处的自然物，小朋友们更喜欢蹲下来观察地面上的自然物，就如自然角里和白玉蜗牛的一次美丽邂逅，在一次次的观察和与蜗牛的互动中，不仅让小朋友们见证了白玉蜗牛的成长过程，也让我看到小朋友们对大自然那种本能的亲近和喜爱，以及与自然万物交流、对话的能力和兴趣。在长达两个多月对蜗牛的持续观察和互动中，小朋友们始终保持着浓厚的兴趣，带着问题去发现、去探索，置身于不断探索的学习状态中。从初见蜗牛时的新奇好问,到照顾蜗牛的感知体验、大胆猜测、细心验证,再到亲眼见证小蜗牛成功孵化的欢呼雀跃,幼儿不仅自身的观察能力、探究能力、自主学习能力得到了质的飞跃,还借由这样一段不同寻常的经历,建立了与大自然之间亲密的情感,激发了他们的爱心、责任心以及对自然和生命的尊重。

  小朋友们虽然不舍,但是决定尊重蜗牛,尊重自然规则。蜗牛原本就属于大自然,回归自然是蜗牛最好的归宿,我们不能以爱之名"绑架"蜗牛。我们把蜗牛们送回草丛,小朋友们稚嫩的语言和行动显示出了他们对生命的尊重与关爱,对自然的敬畏与顺应。大自然才是蜗牛们最温暖的家。

  老师并不是万能的,也有很多没有接触和涉及的领域。因此在关注到幼儿的兴趣点时,老师只有始终与幼儿保持同频,理解和接纳他们的想法与感受,不断地吸收和丰富自己的知识,积极地参与他们的猜测、探索与验证,才能更好地支持幼儿。这个课程故事见证了我和小朋友们的成长。

(供稿者:泉州市丰泽机关幼儿园 刘安娜老师)

活动案例2:"小鬼"会当家(中班)

一、活动缘起

  连续几天的雨,给走廊的窗户上留下很多印迹。生活老师爬上高高的梯子,正站在上面擦洗窗户。恰逢入园时间,小源和小莹背着书包驻足了好一会儿。

  小源:庄老师,你爬这么高会不会害怕呀?

  庄老师:不会呀,因为要把窗户擦干净,这样你们才有一个美丽的家。

  小莹:庄老师,你累吗?要不,我们来帮你擦吧!

  庄老师:谢谢宝贝,这窗户太高了,你们爬上来很危险。

小源：那我们来帮你做些不危险的事吧！

早谈时，我把小莹和小源的暖心行为和其他小朋友分享，引发小朋友们的共鸣。

伊伊：幼儿园是老师和小朋友的家。

小潼：我也要帮忙。

小俊：大家一起帮忙，庄老师就不累了……

> ❋**教师思考**
>
> 一声"会不会害怕？累吗？"是小朋友们对"家人"最贴心的爱。一句"我们来帮你"，是小朋友们冒出的作为班级小主人的责任感和为他人服务意识的"小芽"。此刻，正是他们建立自我形象、认识自我价值的重要阶段。那不妨让我们这群中五班的"小鬼"试着来当家，以大扫除活动为他们搭建一个为"家人"服务、为集体服务的平台吧。

二、活动过程

（一）"小鬼"想当家

老师：是呀，中五班就是我们的家。有哪些不危险而我们又可以帮忙做的事呢？

小霖：我在家会帮妈妈做家务，擦桌子和椅子不危险。

晴晴：我可以扫地板，这个很安全。

亮亮：我会整理玩具，这个也不用爬得很高。

小源：拖地板我可厉害了。

小莹：我会把玩具摆整齐。

小潼：我可以帮阿姨扫地板。

让我们看看小朋友们展示的拿手绝活。

扫地 　　　　　　　　　　　刷地板

整理玩具框 　　　　　　　　擦桌子

✳**教师思考**

　　看来，小朋友们不仅有了为集体服务的意识，还认识并能使用一些常用的劳动工具，具备了一定的实操能力。和老师一起打扫这个"大家"，这群"小鬼"做得还不错。

（二）"小鬼当家"有计划

1. 找找需要打扫的地方

镜子

书架

椅子

矮柜

桌子

门

2. 把找到的地方记录下来

床、圆桌等　　　　　　　　椅子、柜子等

书架、抽屉等　　　　　　　窗户、衣服等

3. 想想怎么分工

老师：这么多地方需要打扫，要怎样才能打扫得既快又干净呢？

小琪：可以跟好朋友一起打扫，这样比较快。

彬彬：可以像值日生那样合作打扫。

晴晴：小组合作，小朋友可以选择喜欢的任务进行打扫。

79

老师：这么多地方怎么选，怎么分？

小朋友们这么分：塑料椅＋木头椅组；木头桌＋小红桌组；门窗组；书架＋矮柜组；地板＋镜子组；抽屉＋衣柜组。

为什么要这么分呢？听听他们的理由。

划分打扫区域

小宇：小红桌和木头桌子都是桌子，可以一起打扫。

小琛：因为门和窗离得近，分到一起打扫就不用跑来跑去。

小莹：塑料椅子和木头椅子都是椅子，要分到一起。

彬彬：书架和矮柜都是一层一层的，离得很近，可以一起打扫。

4. 挑选工具，做好计划

确定好小组划分的打扫区域，小朋友们各自回家寻找适合打扫的清洁工具。

桶可以用来提水 　　　　　　扫把可以扫地板

拖把可以把地板擦干净　　　　　　抹布可以擦桌椅

　　小朋友们将小组打扫区域计划表进行细化，如哪个小朋友负责打扫什么，需要用到什么工具，用号数标注下来。

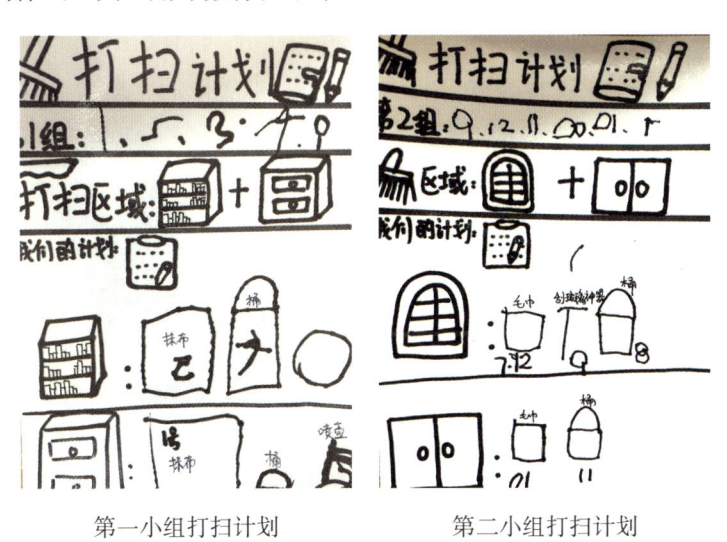

第一小组打扫计划　　　　　　第二小组打扫计划

81

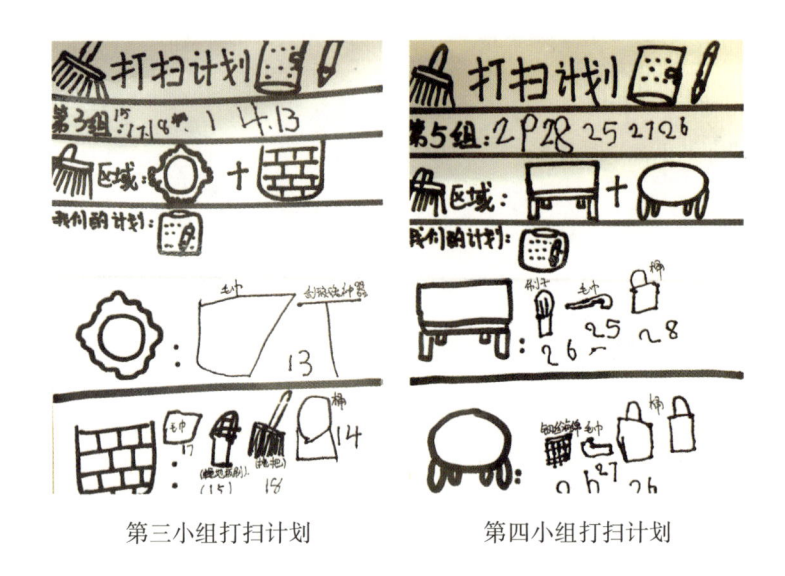

第三小组打扫计划　　　　　第四小组打扫计划

（三）"小鬼当家"在行动

小朋友们分成小组后，便开始了清洁工作。他们有的扫地、拖地，有的负责擦窗户和桌椅，还有的整理书柜和衣柜。虽然他们年纪小，但干起活来毫不含糊。一起来看看小朋友们努力当家的精彩瞬间吧！

塑料椅＋木头椅组

门窗组

小红桌+木头桌组

抽屉+衣柜组

83

镜子＋地板组

矮柜＋书架组

❋**教师思考**

　　小朋友们学会了打扫、擦洗窗户和桌椅，以及整理书柜、收拾玩具和衣物等。在打扫、整理过程中，小朋友们不仅学会了分类和归纳，还培养了秩序感和爱整洁的习惯。家务劳动与幼儿的动作技能、认知能力发展和责任感的培养有着密不可分的关系。虽然幼儿将他们的计划落实到实际行动中，但这真的是一次完美的当家活动吗？在后面的交流过程中，幼儿提出了很多问题，一起来看看他们是如何发现问题、解决问题的吧！

（四）"小鬼当家"有烦恼

问题一：什么样的工具更合适?

镜头 1

擦椅子组的小源：哇，这椅子上怎么都是水，我衣服都弄湿啦！

小源转头一看，只见小伦把没有拧干的毛巾放在椅子上擦来擦去，椅子上的水渍越来越多。

小源生气地说：你都没有拧干毛巾，椅子湿湿的，我一屁股坐上去裤子都湿了。

椅子上都是水渍

小伦：我拧毛巾了啊，可就是拧不干。

小伙伴们来支招。

伊伊：他的毛巾太大了，可以把毛巾换小一点。

小楚：他的方法错了，两只手要往不同的方向使劲。

小源：大毛巾也可以拧干，我可以帮助他。他抓一头，我抓一头，大家一起用力。

小楚示范拧毛巾的正确方法　　大毛巾可以和同伴一起拧

镜头 2

幼儿在提水、拧毛巾的过程中，水洒在了地板上。亮亮看到地板上有一摊摊的水，就拿起拖把拖地，想把水渍拖干，可是他的拖把没有拧干，反而越拖越湿。

伊伊：你要用毛巾试一下吗？我的毛巾借给你。

亮亮拿起毛巾便蹲下来擦地板，可是因为毛巾太小，擦一会儿就要拧毛巾。

小伙伴们来支招。

小琪：这是我从家里带来的海绵拖把，只要擦一下，它就能把水吸起来，再用力拉一下，水就出来啦！

小源：布拖把太大了，小朋友的手太小了拧不干，海绵拖有一个小开关可以把水拧干，又可以拖地板，方便又省力。

彬彬：提水的时候不要装太多水，这样就不会洒在地板上。

小霖：拧毛巾要对准水桶，这样水就不会滴在地板上了。

地板越拖越湿

示范海绵拖把的用法

要把海绵拖对着水桶拧干

镜头 3

擦玻璃组的小源和彬彬用毛巾擦完玻璃后，发现玻璃上的水痕很明显。即使水干了，玻璃上也留有印迹。那用什么工具擦玻璃会更干净呢？

卖力地擦玻璃　　　　　　　　　擦完后玻璃上有水痕

小伙伴们来支招。

小玥：毛巾要拧得很干。

小菡：用干毛巾擦就没有水啦。

小航：用面巾纸擦。

看来小朋友的经验还不足以很好地解决这个问题，那就让他们回家寻求家人的帮助，顺便了解更为多样的劳动工具。

小伙伴们来支招。

小洋：我妈妈说要用速干毛巾。因为它能够快速吸水，擦完玻璃后也不会留水痕。

小锴：我奶奶会用报纸再擦一遍。报纸会把玻璃上的水吸走，这样就不会留下水渍啦。

小雅：妈妈的刮玻璃神器比较好用。你们看，轻轻一刮，它就可以把玻璃上的水痕刮干净。

用报纸试一试　　　　　　　刮玻璃神器刮干净了

镜头 4

擦洗抽屉组的小睿拿着刷子刷抽屉，刷完后抽屉里的脏东西还是没有消失。小菡用手把抽屉里的脏东西捡起来，可是有的小纸屑沾水后紧紧地粘在了抽屉里。小菡着急了，说："你的刷子不好用呀！你看，这小纸屑都捡不起来。"

小伙伴们来支招。

小菡找老师借来了透明胶带，不一会儿，透明胶带真的把抽屉里的脏东西粘起来，抽屉顿时变得干

抽屉里的小纸屑清理不掉

净了。在分享中，擦洗抽屉组认为刷子刷抽屉不仅会让抽屉湿答答的，还不能把脏东西刷干净，所以他们把小组计划的工具做了调整。

透明胶带把纸屑粘起来了　　　　小组对打扫工具进行调整

镜头 5
小杰的苦恼：小红桌这里黑黑的，擦了很久怎么还擦不掉？

小红桌上的笔渍擦不掉

小伙伴们来支招。

小好：我吃饭弄脏衣服的时候，妈妈用洗洁精或是洗衣液把脏的地方揉一揉，再用清水洗一下，衣服就变干净了。

小杰：用洗衣粉来擦洗脏东西很有用，我看奶奶经常用。

小晴：我看到庄老师打扫的时候会用到很多工具，我们可以去请庄老师教我们怎么用。

接下来，让我们走进生活老师的小课堂。

庄老师：洗衣液、洗手液、洗衣粉、洗洁精、去污粉等都属于洗涤用品，它们有不同的清洁作用，但是也会伤害我们的小手，所以小朋友们在使用的时候要注意佩戴好手套。请大家试一试哪一种洗涤用品对去除勾线笔的痕迹最有效。

生活老师介绍洗涤用品

戴上手套试一试

经过小朋友们的亲身体验，我们将这些洗涤用品的清洁能力做了排名。第一名是洗衣液，第二名是洗衣粉和洗手液，第三名是洗洁精。

污渍擦干净了 　　　　　　　　　　污渍基本擦不掉

污渍擦掉了一点点

> ✿ **教师思考**
>
> 互相支招的过程是幼儿发现问题、解决问题的过程，也是他们经验分享的过程。"什么样的工具更合适"取决于幼儿对工具的认识，从常规工具到特殊工具性能的对比，不仅让幼儿拓展了生活经验，更让他们感受到科技对生活的影响。"什么样的工具更合适"还取决于幼儿的生活实践能力，他们爱思考、懂方法、会合作，工具的使用也能发生改变。

问题二：遇到困难怎么办？

镜头 1

第二组的小朋友忙着擦玻璃、擦门。小淳擦门只擦到她够得着的地方，当她准备转移阵地时，小洋说："小淳，你这门的上面都没有擦到啊？"

小淳看了看，说："可是我不够高，擦不到啊。不然，我踮起脚尖试试看。"小淳努力踮着脚尖试了一下，委屈地说："你看，我踮着脚尖还是擦不到。"

一旁擦椅子的小源看到了说："要不这把椅子借你们用一下。"

门太高了擦不到

小淳站在椅子上继续往上擦,但最上面的还是擦不到。小洋看到后又借来了一把椅子,可是两把椅子摆放在一起摇摇晃晃的,谁都不敢站上去。

站在椅子上也擦不到　　　　两把椅子叠高不稳

小洋想了想,说:"要不我们换桌子吧,桌子比较牢固。"说完,小洋搬来了桌子,小淳把椅子放在桌子上,两个小朋友商量着谁负责爬上去。

小洋:小淳,这个位置太高啦,我站上去擦门吧。你帮我扶一下桌椅,不要让我摔下来哦。

两个人经过互相学习、帮助,最终擦到了门的最上面。

镜头 2

小莹的困惑:为什么我擦过的椅子,其他小朋友又擦了一遍?

桌子+椅子,擦到啦

老师:小朋友已经擦拭过的桌椅,我们怎样才能避免重复擦呢?

椅子一直被重复擦

小伙伴们来支招。

小霖：只有将擦过的椅子和没擦过的椅子分开才不会乱。

伊伊：擦过的椅子要另外放。

小源：没擦的椅子叠起来，擦过的椅子一张一张地摆放，这样椅子还可以晾干。

小可：可以分工，一些人负责擦椅子，一些人负责把擦完的椅子摆放好。

小玥：女孩子的力气比较小，负责走廊的塑料椅子，其中两个女孩子擦洗，一个女孩子把擦完的椅子摆放好。

小洋：我们男孩子有力气，可以擦木头椅子。

擦完排整齐，就不会重复啦

第一次的"小鬼当家"结束后,我们鼓励幼儿以劳动日记的形式将劳动过程中的感受、想法画出来。小朋友们也记录了他们第一次当家的困扰。

劳动日记

小伙伴们来支招。

小忻:一个人提水太重了,可以把桶换小一点,也可以请朋友帮你一起提水。

小桐:毛巾拧不干可以两个人一起合作,我在家就是和姐姐一人拧一边就拧干啦!

小芃:很累的时候可以和朋友商量一下,先休息一会儿。

小杰:我们可以分工一下,你做一点,我做一点,这样就不会太累了。

小莹:我们要想着这是在帮助阿姨分担工作,这样就不会累了。妈妈说,帮助别人最快乐。

✹ 教师思考

合作就是学会商量，遇到困难，你帮我，我帮你。合作就是学着分工，太累了，你做一点，我做一点……在一次次发现问题和解决问题的过程中，小朋友们真正地理解了合作，学会通过合作的方式去解决问题、战胜困难。

（五）"小鬼"乐当家

劳动日记记录着小朋友们不一样的劳动体验和情绪体验，从第一次面对困难的"丧"到解决问题后的"喜"，从第一次自己干活的"累"到和朋友合作的"乐"，小朋友们用稚嫩的笔触记录着劳动过程中不一样的体会。

可以和好朋友一起做家务，感觉很开心

记录自己在"小鬼当家"中做了哪些家务

小莹：刚开始我们把椅子排得很乱，在小朋友提了建议后，我们分工擦洗、摆放，看上去很整齐，我们感觉好开心。

小可：我把我们共同的家打扫得很干净，下一次我还要继续当家。

小霖：老师夸我把柜子擦洗、整理得很好，我很开心。

小淳：我帮庄老师擦了窗户，庄老师就不用那么辛苦了。

三、小结与反思

大扫除对任何年龄段的小朋友来说都是一件既兴奋又有意义的事，在一学期的"小鬼当家"活动中，小朋友们感受到自己作为班级一分子的能量，体会到与同伴合作解决问题的成就感，在不断地实践、操作、对比中发现了劳动的"大学问"，也实实在在地感受着劳动的快乐。看到他们通过自己的劳动让班级环境变得越来越舒适和他们在劳动日记里分享满满的幸福感时，我们真的不得不惊叹道："小鬼当家，他们真的能行！"

通过"小鬼当家"系列劳动课程的实施，小朋友们的自理能力、任务意识和服务他人的精神都得到了显著提升，也逐渐明白了劳动的重要性和意义。他们开始珍惜教师、父母的辛勤付出，并愿意为家庭分担一些力所能及的家务劳动。这种责任感的培养对他们的成长有着深远的影响。在劳动过程中，小朋友们学会了各种家务劳动的技能和方法。这些技能不仅对他们的日常生活有帮助，还为他们今后的成长打下了坚实的基础。他们不仅学会了如何独立完成日常任务，还学会了如何为集体服务、如何与他人合作。这些活动也让他们感受到了劳动的乐趣和价值，增强了他们的自信心和责任感。

作为整个活动的支持者、引导者和鼓励者，我最大的收获是：

1. 实践是最好的老师

通过这次"小鬼当家"的劳动课程，我深刻地体会到实践对于幼儿成长的重要性。只有让幼儿亲身参与、亲手实践，他们才能真正掌握知识和技能。

2. 教育理念的更新

通过这一系列的劳动课程，我的教育理念也得到了更新。我更加坚信，教育不仅是传授知识，更重要的是培养幼儿的综合素质和能力。我们要注重幼儿的实践体验，让他们在实践中学习和成长。

3. 家园共育

这次"小鬼当家"的劳动课程也得到了家长们的大力支持，他们积极参与孩子的劳动过程，与孩子一起分享劳动的快乐。这种家园共育的方式不仅让孩子们在家庭中也得到良好的教育，还促进了家长与教师之间的沟通和交流。在今后的教学中，我们将继续加强家园共育的力度，共同为孩子的成长创造更好的环境。

（供稿者：泉州市丰泽机关幼儿园　陈东梅老师）

活动案例3：你最珍"桂"（大班）

一、活动缘起

"桂子月中落，天香云外飘。"十里飘香的桂花又一次绽放了。午餐后，我们在小区里散步，忽然袭来一阵花香，大五班的小朋友们与桂花相遇相知，开启一场美丽的邂逅。

二、活动过程

一次散步引发"香从哪里来"

故事一：寻香之旅

午餐后，我们带小朋友们在小区散步时，阵阵花香扑鼻而来，引得小朋友们驻足寻找。

小涵：我找到了，是桂花的香味，你们快来闻闻。

小朋友们纷纷凑到桂花前闻香。

小涛：是真的，是桂花散发出的香味。

墨墨：刚才在班级门口就闻到了香味。这香味可以传这么远，太神奇了。

小善：我们平时吃的桂花糕是不是就是用这个桂花做的呢？

珊珊：它叫桂花糕，应该就是桂花做的。我知道茉莉花可以泡茶，桂花可以吗？

面对小朋友们提出的疑问，一场关于桂花有何用处的调查开始了……

闻桂花 　　　　　　　　　　　　探讨桂花

触摸桂花 　　　　　　　　　　　捡拾桂花

调查桂花

几天后，小朋友们纷纷向同伴介绍自己调查到的桂花小知识。

小善：我奶奶说，桂花可以榨成桂花油，对治疗风湿、关节炎的效果特别好。

小煜：我知道桂花分为四大种类，分别是四季桂、丹桂、金桂、银桂。

小涵：我妈妈有一瓶桂花香味的护手霜，抹在手上有桂花的香味。

辰辰：桂花晒干之后可以做成桂花香包。我姐姐的床头就放着一个桂花香包，她说看书累了闻一闻可以消除疲劳。

小涛：咳嗽的时候，奶奶会泡桂花茶给我喝，咳嗽会慢慢变好。

桂花不但可以散发出香味，还可以做成生活中很多可用的物品。原来桂花有这么多的用途和功效，简直浑身都是宝呀。

小朋友们对桂花的兴趣越来越浓厚，与老师、小伙伴总有讨论不完的话题，每天都借着散步的时间去看一看、闻一闻桂花。

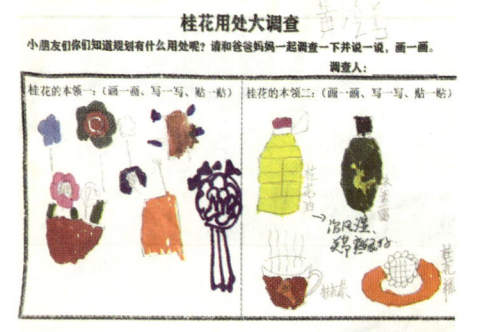

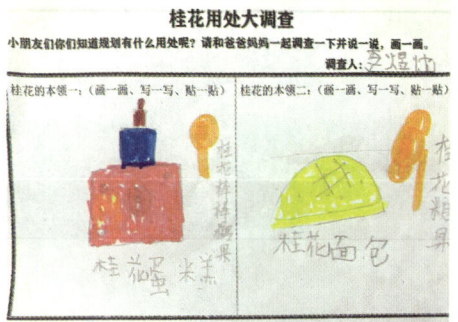

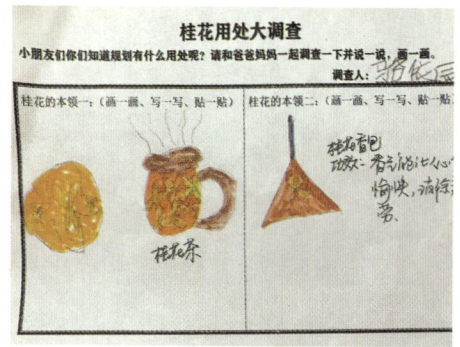

调查问卷

故事二：探花之秘

又过了一周，在散步时小朋友们又有了新发现：前两天桂花不是都枯萎了吗？怎么今天桂花又变得那么漂亮了呢？

小涵：是不是因为最近它喝水了，有养分了，所以它又开花了？

依依：可是我家里种的花凋谢了以后，都要等到春天才会再开花，浇水了也没用！

带着小朋友们的疑问，我们一起翻阅了资料，从中找到了答案。有一种桂花名叫"四季桂"，喜欢温暖的天气，只要经常为其施肥浇水，就能不断开花。

依依：原来这是四季桂，它有自己喜欢的温度。我想放一个温度计在树上，这样我们就知道它最喜欢的温度是多少啦！

调查问卷

第二天，依依就从家里带来了一支温度计，并将它挂在了树上。小朋友们经过小组商讨后绘制了一张温度登记表，每天进行温度记录。经过两周的记录，他们发现四季桂最喜欢的温度在19－23 ℃。

观察温度计温度　　　　　　　　　每日温度观察记录

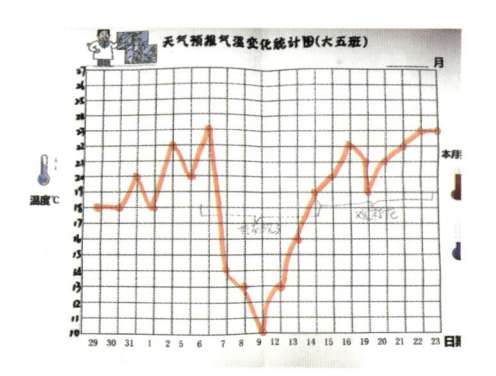

桂花适宜温度统计记录表

> **✱教师思考**
>
> 　　小朋友们对桂花很感兴趣，我便鼓励他们对桂花进行调查、探秘并说明缘由，为他们提供交流的机会，表达自己的观察结果，并经过师幼、亲子的共同调查讨论，获得了许多关于桂花的知识。在这个过程中，教师真正成为幼儿探究过程的引领者、支持者、帮助者。

一场风雨引发"被打落的桂花该怎么办"的思考

在和桂花的"朝夕相处"中，小朋友们在探究桂花中又有了新的问题……

在一个大风大雨的晚上，树上的桂花被打落在地上。小朋友们散步经过时，看着散落在地上的桂花，个个搓着小手，心疼不已……

小涛提议：地上这么多桂花，太可惜了。我们把它们装在容器里放到班级，这样班级每天都会香香的。

小涛的建议得到了小伙伴的一致认同。于是，小朋友们纷纷在班级寻找可以储存桂花的容器。

让我们跟着小朋友们一起出发捡拾桂花吧……

桂花掉落满地 　　　　　　　　　幼儿捡拾被打落的桂花

幼儿捡拾被打落的桂花 　　　　　　幼儿捡拾被打落的桂花

　　捡了这么多的桂花，可以做什么呢？经过讨论和投票，"小吃货"们决定动手做做桂花糕。

> ✤**教师思考**
> 　　被风雨打落的桂花仍然被小朋友们保护着，使我不禁感叹：小朋友们对桂花的爱与感受是那么细腻……同时使我更加支持幼儿亲近自然，并与幼儿一起观察、探索大自然，感知桂花的特点，鼓励幼儿自己去动手和体验。

故事一：捞不起来的桂花
　　从地上捡的桂花不能直接用来做桂花糕，要先清洗干净。小朋友们先把桂花倒入水中，清洗一会儿，再用手捞起来。

小瑜：哎呀，桂花都捞不起来，还容易粘在手上。

铭铭：那我们用倒的吧！

小妤：不行不行，这样桂花都跟着水一起流走啦，怎么办呀？

幼儿尝试用手捞起水中桂花

于是，我鼓励小朋友们在教室里找一找，看看有什么工具可以帮忙。小朋友们找来了小勺子、小碗试一试，发现都没有捞出桂花。这时小墨说："我们可以用教室里的塑料篮子试一试。这种篮子有空隙，可以过滤出桂花。"操作后小朋友们发现塑料篮子可以捞出一些桂花，比用手捞快多了，可是空隙太大了，还是有很多桂花漏掉了。留不住桂花怎么办？回家再去找工具试一试吧！

幼儿尝试用玩具筐捞桂花 　　　　　　幼儿尝试用玩具筐捞桂花

第二天，小朋友们带来了很多他们觉得可以过滤的工具，我们一起来听听他们都推荐了什么工具吧！

甜甜：我看到奶粉勺下面有漏洞，水可以流下去。

禾禾：我看爷爷泡茶的时候就是用这个工具，茶叶留在里面，茶水流下去了。

佳佳和申申：我们从家里厨房拿的大孔/密孔漏勺，这些工具都可以过滤桂花。

其他小朋友还找到了纱质洗碗巾、铁质茶漏、筛子等。

寻找到工具——奶粉勺　　　　　寻找到工具——茶漏

寻找到工具——大孔漏勺　　　　寻找到工具——密孔漏勺

寻找到工具——纱质洗碗巾 　　　　寻找到工具——铁质茶漏

在第一轮的投票中，小朋友们从生活和上次游戏获得的经验出发，直接淘汰了口罩和棉布。那么剩下的过滤工具中哪一种最合适呢？让我们一起来看看吧！

奶粉勺的洞太小，桂花容易堵住洞口而使水流不出来。

茶漏和过滤网都可以捞出桂花，但是一次只能捞一点点，速度很慢。

至于漏勺和筛子，小朋友们发现大孔漏勺只能过滤出比较大朵的桂花，最好用的就是细孔筛，能快速将大小不同的桂花都从水里过滤出来。

故事二：被吹飞的桂花

值日生们将大家收集的桂花放在盘子中准备晒干。

小涵一边用手把桂花抹平一边对着大家说："要把桂花摊开才容易晒干。"

珊珊抱着一盘桂花走到有太阳光照射的地方，说："被太阳直晒的桂花更容易干。"

突然，小朋友的尖叫声此起彼伏……

小善慌张地喊道："快来帮忙呀，桂花被风吹走了。"

珊珊一边喊一边用手护着桂花，说："不行不行，我的桂花也飞走了，陈老师快来帮忙啊。"

小朋友们虽然用身体护住桂花，但桂花还是被大风吹得所剩无几。

小朋友们感到很失落，把所剩无几的桂花带回班级，有的小朋友还在责怪其他人没用正确的方法保护好桂花。

小言生气地质问:"你们要快速地用手遮住盘子,这样桂花就不会被风吹走了。"

小涵不服气地说:"我们都用身体挡住盘子了,但是风太大了,桂花还是被吹走了。"

小均说:"你用另外一个盘子把桂花盖起来,这样就不怕被风吹走了。"

珊珊说:"我都来不及拿盘子盖住,风吹来的速度比我快。"

为了不让桂花再次被大风吹跑,小朋友们决定制作一个防风罩保护桂花。于是,小朋友们开始在班级寻找各种物品,一场晒桂花时如何防风的实验开始了……

防风罩实验

豪豪觉得可以用雨伞把桂花遮起来,这样就不怕风吹走桂花了。

小涵找来大筐说:"用这个筐盖在桂花上面,大筐有洞,阳光能照射进去还不怕风大。"

小涛反驳道:"那个大筐的洞太大了,要用装玩具的筐子,洞不大,风还不会吹进去。"

墨墨说:"我觉得可以装在玻璃瓶里面,这样就不怕风吹,或者用玻璃杯子盖在桂花上。"

小煜说:"杯子那么小,不能完全盖住桂花,用我们装区域玩具的透明塑料筐,不仅能全盖住,阳光还晒得进去,更不怕风吹。"

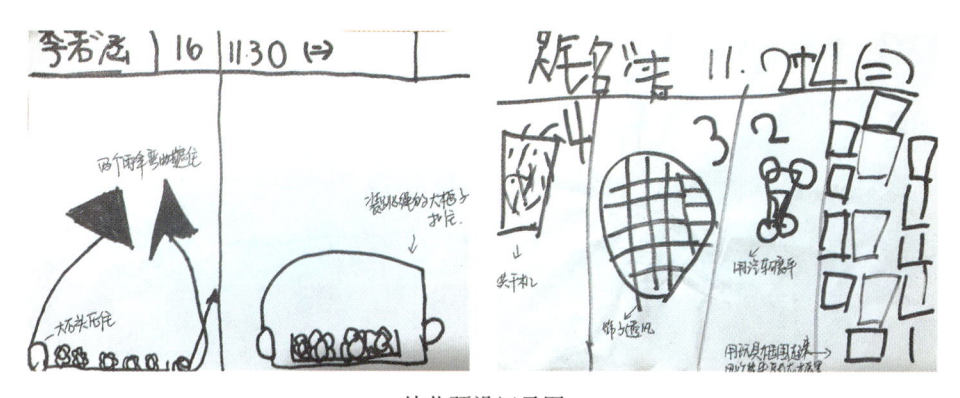

幼儿预设记录图

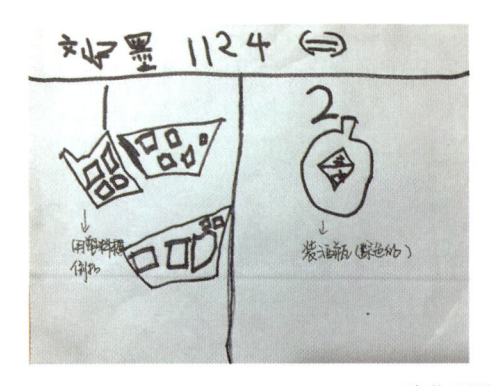

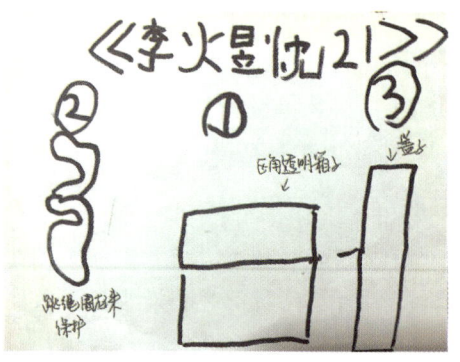

幼儿预设记录图

看着小朋友们互相不服气的表情，我们决定做一次防风实验，看看谁的工具最实用，能真正保护好桂花，使桂花既能晒到太阳又不怕被风吹走。

1号实验：雨伞防风罩

2号实验：透明盒防风罩

3号实验：红色大筐和黄色玩具筐防风罩

4号实验：快递纸盒防风罩

5号实验：黄色玩具筐摆阵式防风罩

6号实验：杯子防风罩

7号实验：菜罩

经过实验小朋友们投票，选出了既通风又日晒的最佳防风罩——菜罩＋透明玩具箱和透明玩具箱。

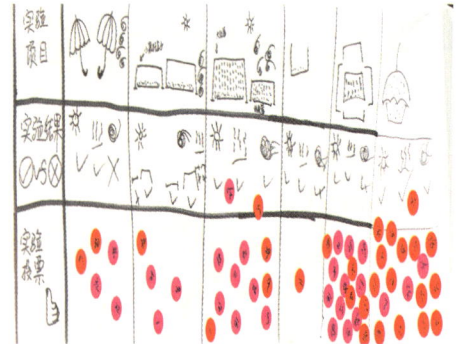

投票结果

实验与实践结果

第一名：菜罩＋透明玩具箱

现场实践投票第一名工具

第二名：透明玩具箱

现场实践投票第二名工具

> ✿**教师思考**
>
> 　　幼儿科学探究的过程包括：产生疑问→猜想和假设→观察和实验→记录和整理获得的信息与结论。当捕捉到幼儿的兴趣时，教师紧紧追随幼儿的观察焦点，与幼儿一起探究，获得探究结果。在整个过程中不断给予幼儿最大的支持，让幼儿天马行空的想法得以实践验证，去探索发现无限的可能。

一次闻香引发"留不住的桂花怎么办"的思考

自由活动时,恩恩拨弄着盒子里的桂花,突然凑近闻了闻,说:"陈老师,为什么我们晒好的桂花香味没那么浓呢?"

在一旁游戏的小朋友听到恩恩的话都赶快跑到桂花旁边闻了闻,纷纷说道:"桂花怎么都不香了,要近距离才能闻到香味。"

小涵:桂花晒完都没有把它装起来,肯定不香了。

小涛:一直这样放着桂花也会干掉,变得不好看。

恩恩着急地说:"那怎么办?我不想让桂花变得黑黑的,太难看了。"

辰辰:把桂花做成香包吧。我姐姐床头的香味就很持久。听说桂花的香味还能消除疲劳呢!

故事一:我想把桂花的香留下来——桂花香包

依依:这就是香包袋啊!

小墨:香包的封口太小了,桂花都装不进去,一直漏掉。

小涛:我有办法。生活区里有个漏斗,我去拿来试一试。你看,就这样倒进去,就不会漏出来啦,太好用啦!

小墨:我也想要试试,只有一个漏斗怎么办?

依依:我会做漏斗。我们需要将一张纸卷成一个小喇叭,将桂花倒在漏斗里面装进香包,这样就不会洒出来。

将桂花装进香包失败　　　　　　尝试用漏斗将桂花装进香包

大家尝试用漏斗装香包　　　　　　　　　展示桂花香包成品

小墨拿起一张纸片试了试，说："真的，像菜市场里面卖酱油的漏斗，不会漏到外面来。"经过大家的动手制作，香气满满的桂花香包就做好了……

故事二：我想把桂花的香留下来——桂花标签

小朋友们做成的桂花香包，几天后香味越来越淡，那怎样才能让桂花的香味更长久呢？

带着问题思考，小朋友们开启了头脑风暴……

心心：可以用过胶机。我们的照片封膜后不会褪色也不会皱巴巴的，如果把桂花密封起来是不是既不会坏又好看呢？

在小朋友们的建议下，我们开始动手制作能留住美丽桂花的小标本……

心心：这么大的过胶纸，放那么多的桂花和树叶，还没拿到过胶机旁边就都掉光了，怎么办呢？

尝试动手制作桂花标签　　　　　　　　　尝试动手制作桂花标签

111

恩恩：每次都做小小的一张，把大张的过胶纸剪成小张的，我的手拿起来刚好，这样就不怕一边走一边掉了。

桂花书签成品展示　　　　　　　　桂花书签成品展示

小均：桂花香包虽然很香，但是看不到里面漂亮的桂花。桂花标本虽然好看，但是很容易被过胶机卷坏，这样大家不是白做了？

小铭、小泽几位男生都觉得小均说得有道理，那还有什么办法呢？

小均神秘地说："我从视频里看到，有人把花和叶子倒进一种胶水里面，等胶水干了就像水晶一样又硬又漂亮，可以做成项链、挂件、杯垫等东西。"

小均的提议引起了大家的好奇心，于是在小朋友们的催促下，开始制作水晶桂花了……

故事三：我想把桂花的美留下来——水晶桂花

小均让我帮忙点开视频，一边看一边说："A 胶和 B 胶的分量一定要准确，A 胶是 3 杯，B 胶是 1 杯。要把它们搅拌成透明的颜色才算成功。"

小善：我要加上一点蓝色颜料，它像大海的颜色一样。

小涛：我们的作品要不要加上签名？很多艺术家都会在自己的作品上面签名。

小涵：我们把名字写在纸张上一起放进去吧。它就和桂花一样，永远不会坏掉。

小涛：还不会写名字的小朋友怎么办？

恩恩：写号数吧，但是每个班都有31号，要不要注明班级？

小涛：这个简单呀，在号数的前面加一个⑤吧，代表大五班。

恩恩：小五班的吴老师想要找我们定制一个项链坠子，我们可以按照大家喜欢的样子制作出来。

小涵：我们也可以设计一些特别款式，让客人挑选之后再制作。

尝试调试滴胶 　　　　　　　　　　尝试调试滴胶

DIY 调试滴胶 　　　　　　　　　　DIY 调试滴胶

桂花吊坠设计图 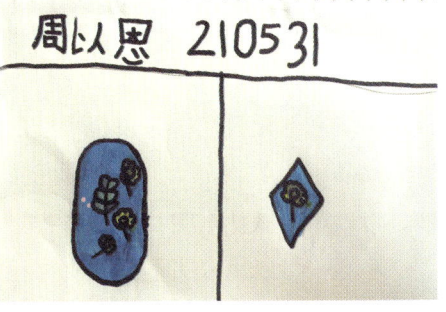　　　　　　　　　桂花吊坠设计图

113

桂花吊坠设计图　　　　　　　　　桂花吊坠设计图

> ✿ **教师思考**
>
> 　　一次激烈的思想碰撞、一个好玩的手工、一次温暖的互动，我们在真实的情境中感受幼儿对自然物的创造，并由此积累起丰富的感知经验。这不仅拓宽了审美视野，还提升了幼儿的审美表达与艺术创作能力。

水晶小铺售卖进行时……

小善：陈老师，我把做好的桂花项链带回家，妈妈看了特别喜欢。

小铭：这么漂亮的水晶桂花，我想让其他老师和小朋友也看一看，他们肯定也会喜欢的。

小涵：我们是不是可以开一间小铺将漂亮的水晶卖给大家呢？

小涵的建议得到了大家的认可，于是水晶小铺的开张工作开始筹备了……

接下来，让我们一起去赴一场冬日水晶桂花小铺之约吧。

水晶小铺的物品大卖让小朋友们非常高兴。小涛说："这次赚了这么多钱，可以用来做什么呢？"

小涵：可以用来买笔、橡皮擦和书，送给需要帮助的上小学的哥哥姐姐。

小杰：可以去帮助更可怜、更需要帮助的人。

墨墨：我们还可以多制作一些水晶作品来卖，赚来的钱用来帮助更多需要的人，一半去买笔、书送给贫困山区的小朋友，另外一半可以捐出去。

创设水晶桂花小铺

售卖水晶桂花

售卖水晶桂花

售卖水晶桂花

在小涛的提议下，水晶小铺转型成爱心小铺，大家分工合作并且开始策划第二场售卖活动，继续将爱心传播……

三、小结与反思

每个幼儿的生活中都应该有泥土的芬芳，花草的清香，我们应该为幼儿创设属于他们的自然环境和游戏乐园。这次活动，正是挖掘大自然的教育素材，让幼儿们通过亲身体验、实践探究，收获了很多有关桂花的知识。

随着此次班本课程"桂花"的开展，教师有意识地鼓励幼儿自主地发现和探索；在活动过程中，围绕着幼儿最感兴趣的问题与操作适时推进，作为配角的教师在恰当的时机给予支持与帮助，给予他们更多表达的机会。

每个幼儿的心中都有一颗"美"的种子。在与桂花共舞的季节里，透过儿童的视角，去发现自然界中的色彩、声响、形态、芳香，从而发现儿童真正的需求，并再一次审视教师的行为，调整下一步行动，以此触发儿童更高水平的发现和表达，创设更多儿童需求的课程。

关于桂花的探究活动缘起于身边的一棵桂花树，虽然只开展了短短几周的时间，但在活动开展过程中，我们发现幼儿的思考和创造，答所问，探所想，相信桂花最美的样子已深深烙印在幼儿的心里。让我们一起期待来年与桂花的约会。

（供稿者：泉州市丰泽机关幼儿园　陈婧文老师）

第五章
幼儿园"生活·文化"课程活动案例·闽南文化

活动案例 4：金鱼巷探秘（小班）

一、活动缘起

说到金鱼巷，最先闪现在你脑海的是什么呢？是一条可爱的小金鱼，还是一条幽深的小巷子呢？寒假期间，泉州推出了"寻龙子"的活动，将老城区的大街小巷都串连了起来，琪琪小朋友的寻龙打卡点——金鱼巷，引起了几个小朋友的好奇。"金鱼巷是不是有很多小金鱼呢？""金鱼巷是不是一个很好玩的地方？"……

金鱼巷全长仅为 271 米，却有不少值得驻足观赏的风景。石板、栏杆上活灵活现的金鱼图案，街头、巷尾种类繁多的闽南小吃……金鱼巷不仅有历史的文化底蕴，也有烟火的气息。可在小朋友们的印象中，它又是个什么样的地方呢？

二、活动过程

（一）走进金鱼巷

1. 金鱼巷初印象

老师：你们都去过金鱼巷吗？

朵朵：没有，妈妈都没带我去过。

点点：老师，我不知道，那是一个好玩的地方吗？

……

除了参加寻龙打卡的琪琪、农农，去过或者对金鱼巷有过印象的小朋友寥寥无几。那小朋友们想象中的金鱼巷又会是什么样的呢？他们对金鱼巷有着怎样的期待呢？

老师：那你们猜猜为什么它被称为"金鱼巷"呢？

点点：这条巷子里有一条河，河里有很多金鱼。

多多：巷子里面有卖鱼的店。

朵朵：可能巷子里在卖小鱼气球，有很多小鱼气球。

农农：因为巷子里的地板上有很多鱼啊，我去玩踩鱼游戏了。

琪琪：这条巷子里到处都有鱼。金鱼巷是个美丽的地方。

言言：哇，那我要带上我的钓鱼竿去钓鱼。

琳琳：金鱼巷好像很好玩。

有一条河，里面有不同颜色的鱼　　　金鱼巷里的叔叔在卖鱼

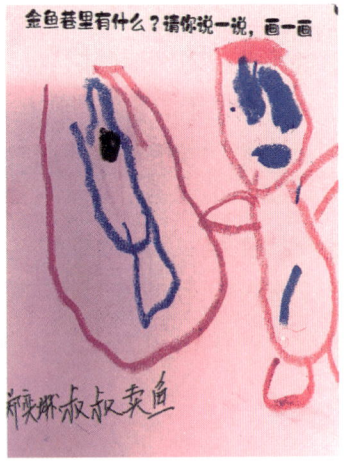

✿ 教师思考

在寒假趣事分享中，幼儿被"金鱼巷"这个特殊的巷名所吸引，教室里充满了关于金鱼巷的讨论声。为什么称作金鱼巷？巷子里面藏着什么？他们产生了一系列的想象和猜测，并通过涂鸦的方式表达自己的想法。耳听为虚，眼见为实，关于金鱼巷的秘密应该由幼儿自己去寻找和发现。

2. 我的出游计划

老师：你们想去金鱼巷走走，看看巷子里都有什么吗？周末可以约上爸爸妈妈一起去找找藏在巷子里的"鱼"。出发前，小朋友可以和爸爸妈妈做一份旅行计划。

即将出发前往金鱼巷，小朋友们充满了各种期待，也积极地分享自己的出游计划。

言言：天气热，我要戴上漂亮的帽子，这样就不会被太阳晒黑了。

烨烨：我要带上雨伞，这样如果下雨就不会淋湿衣服了。

琳琳：我要带上自己的小相机，像摄影师一样拍下漂亮的"小金鱼"，还要带上我喜欢的零食——棒棒糖给小鱼吃。

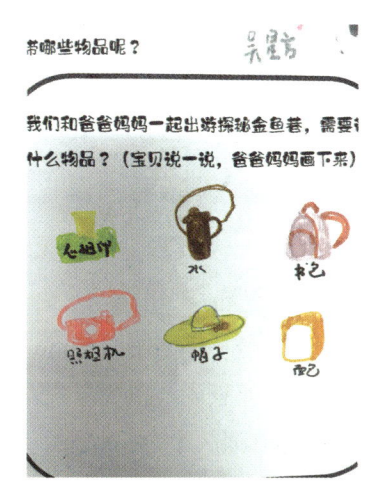

我要带上相机和帽子，可以拍照　　我想和爸爸妈妈一起去

彭彭：我要背上小背包去金鱼巷。我还要带上水壶，就像春游一样。

晶晶一边做着小鱼游的动作，一边说："老师你看，金鱼巷里的小鱼是不是这样游泳的？我要把它拍下来。"

老师：记得带上相机。

诚诚：我想要和爸爸妈妈一起去金鱼巷，就像我们去旅行一样。

说完，诚诚还比画了一个爱心的动作。

> ❋ **教师思考**
>
> 幼儿带着小任务去寻找金鱼巷里的"鱼"，和爸爸妈妈一起制订出游计划。我们发现小班幼儿能通过肢体语言、绘画、表情等表达他们的想法，这都是小班幼儿做计划的典型表现。
>
> 幼儿把自己的想法与爸爸妈妈分享，让爸爸妈妈画下他们的出游小计划。在集体面前分享自己的计划，让幼儿对于这次的探秘活动产生了满满的期待，对金鱼巷里的秘密提出了疑问，这也为后续的探秘提供了更多的可能性。

3. 金鱼巷里好多鱼

周末，小朋友们在爸爸妈妈的陪同下，来到了金鱼巷，他们三五成群结伴寻找金鱼。

晗晗：哇！地板上有好多鱼，这是金鱼吗？它的颜色是金色的。

诚诚：好漂亮的鱼啊！摸起来凸凸的。

诗诗：我也找到小鱼了，它的身体怎么都是洞呢？

"我知道，我知道，这是镂空鱼。下雨时水会经过洞中流到下面的下水道，这样就不会积水。"城城若有所思地说着。

宇宇：呀！我找到的这家店门口也有鱼的标志。

"咦！为什么这边墙壁上的鱼也是镂空的？"曼曼小朋友问爸爸。

"这是空调外机，镂空有散热的功能。"曼曼爸爸耐心地给小朋友讲解。

小朋友们手牵手来到巷子里，找到了石头雕刻的小鱼，他们在各自找到的图案前面摆好姿势，并请爸爸妈妈帮忙拍照。

"是不是因为巷子里有好多鱼的图案，才把这个地方叫作金鱼巷？"琪琪小朋友边蹲下来做标识边问妈妈。

琳琳带着自己的小相机，边寻鱼边假装拍景物，像个小小摄影师一样穿梭在巷子里。

小朋友们在探秘的过程中，边寻"鱼"，边用自己喜欢的符号给找到的鱼图案做标识。在寻"鱼"的过程中，吸引他们眼球的还有各种闽南小吃。他们在爸爸妈妈的陪伴下，品尝着各具特色的美味小吃。

我找到凸出来的金鱼　　　　　　墙壁上的鱼为什么有洞

哇！我们找到鱼的图案　　　　　我用符号给找到的鱼做标识

> ✿ 教师思考
>
> 在家长的大力支持和配合下，周末的亲子探秘活动如期举行。去探秘金鱼巷，幼儿的视角可能和成人的有所差别。因此在这过程中，我们选择尊重幼儿的想法，与幼儿一起分享、讨论，捕捉幼儿的兴趣点，通过亲子探秘金鱼巷这一活动，在打卡、体验、拍照等过程中，不仅满足了幼儿"寻鱼"的愿望，还让幼儿亲身体验和直接感知了解金鱼巷里的特色小吃和建筑特点，加深了对金鱼巷的印象，从而建立起自己与金鱼巷这个泉州知名的小巷之间的联结。

4. 金鱼巷里没金鱼

"金鱼巷探秘"的活动在亲子社会实践中拉开了序幕。爸爸妈妈利用双休日带孩子走进金鱼巷，一起寻"鱼"，探寻特色店铺，品尝美食，通过打卡、体验、摄影等多种形式和金鱼巷有了一次亲密的接触。

老师：这次和爸爸妈妈去金鱼巷探秘，小朋友们都找到金鱼了吗？

乐乐：我和爸爸妈妈去金鱼巷没有找到金鱼，但我们在地板和墙壁上找到鱼的图案。

越越：我在金鱼巷里看到好多鱼的挂饰。

辰辰：我看到了鱼的灯笼。

鑫鑫：我在地板、墙壁上找到鱼的图案。

熙熙：黄老师，我养的金鱼有大大的眼睛，金鱼巷里的鱼和金鱼长得不像，为什么被称为"金鱼巷"呢？

烨烨：我妈妈说以前金鱼巷里的人都会佩戴一个鱼袋。

禾禾：真的吗？为什么要带袋子呢？是装鱼的袋子吗？

老师：那条巷子里面没有金鱼，为什么被称作"金鱼巷"呢？老师找到了一些关于金鱼巷的介绍的视频，我们一起来看看吧。

小朋友们一起看完关于金鱼巷名字由来的视频，了解到原来鱼袋是古代人的身份证。

区域活动时，禾禾拿着画好的鱼走过来说："老师，金鱼巷里的鱼是这样的。"其他小朋友看到她画的鱼，也纷纷拿出美工纸画出自己在金鱼巷里看到的鱼。

寻找金鱼巷里的金鱼

画金鱼巷里的鱼

❋ 教师思考

　　亲子探旅活动的话题，幼儿们意犹未尽。他们在寻鱼的过程中，发现巷子里并没有金鱼，而是有各种各样的鱼的图案在地板、墙面、门把上等。我们也看到小班幼儿具有一定的表征意识，他们用涂鸦的方式表现他们看到的鱼与金鱼的外表特征的不同，可以看出幼儿们具有一定的观察与辨别能力，活动中教师借助视频的方式，让幼儿了解金鱼巷的由来，解开幼儿的疑惑。

（二）金鱼巷里还有什么

1. 金鱼巷里美食多

周一上午，小朋友们一到幼儿园就拿着打卡表，跟旁边的小伙伴介绍去金鱼巷的发现和趣事。

凌凌：金鱼巷里有很多好吃的美食。我最喜欢吃包着花生和黑芝麻的元宵圆。我和哥哥还有妈妈，一人吃了一大碗。

说完，凌凌还咂咂嘴。

彭彭：我也喜欢金鱼巷里的小吃。我看到了四果汤、麻花、菜头酸。我让爸爸买了菜头酸，还买了一些带回家给外婆尝尝。

对于金鱼巷里的美食，小朋友们总是念念不忘。到底小朋友们最喜欢吃什么呢？让我们通过投票来看看他们的想法吧！投票开始……

投票选出最喜欢的美食

经过投票，小朋友们选出了最喜欢的美食是菜头酸和四果汤。

辰辰：我喜欢吃菜头酸，我和姐姐、妈妈都买了。它酸酸甜甜的，很美味！

宁宁：我也和哥哥、妹妹一起去吃了四果汤。我的四果汤还加了芋圆、西瓜、芒果和花生，哥哥和妹妹也加了好多水果。四果汤很甜，我们都喜欢吃。

曼曼：我喜欢吃元宵圆，甜甜的、糯糯的，我和爸爸都吃了一大碗。

晗晗：我也喜欢吃菜头酸，吃起来脆脆的。

可乐：我最喜欢吃四果汤，冰冰的、甜甜的，可好吃啦！

琳琳：老师，我们可以在班级里自己做菜头酸吗？我奶奶会做，可以让她来幼儿园教我们做。

"老师，我也想做！""老师，我也要学，可以吗？"小朋友们带着期待的眼神，不停地问。

老师：金鱼巷里的美食，你们最想制作哪种小吃呢？

经过投票，小朋友们选出最想制作的小吃是菜头酸。他们觉得菜头酸脆脆甜甜的，很好吃，它的汤也很好喝，很解渴！于是，我们决定下周邀请琳琳奶奶来当厨师，教我们学做菜头酸。

我和哥哥吃元宵圆　　　　酸酸甜甜的菜头酸最好吃

四果汤真美味

> ✿ **教师思考**
>
> 　　为了增进幼儿对金鱼巷的了解，我们通过晨间谈话、新闻播报让幼儿说说自己对金鱼巷由来的认识。幼儿你一言，我一语，打开对神秘的金鱼巷的话匣之门。小班幼儿对于美食的关注最高，所以每次的话题都离不开金鱼巷里各种好吃的美食。于是在班级开展投票活动时，要给予幼儿充分的交流时间，让幼儿能选择并表达自己的想法。
>
> 　　真正的课程资源要贴近幼儿的生活实际，是幼儿看得见的、能真切感受得到的、触摸得到的。从幼儿的投票结果可知，菜头酸优先胜出。于是，我们根据幼儿的喜好，准备邀请琳琳奶奶到园里进行家长助教，让幼儿通过自身操作体验，学会制作家乡小吃。

2. 我也会做菜头酸

上午，琳琳奶奶一到班级，小朋友们便纷纷围上去跟奶奶问好，并不停地发问。

宁宁着急地问："奶奶，你什么时候教我们做菜头酸啊？我都等不及了。"

琳琳奶奶问："小朋友们，你们知道制作菜头酸需要哪些食材吗？"

彭彭：我知道菜头酸是白色的，跟我们中午喝的白萝卜汤一样。

禾禾：我也觉得是白萝卜做的。

曼曼：菜头酸，酸酸甜甜的，是加了糖吗？

鑫鑫：菜头酸，有点酸应该是加了柠檬。我吃过柠檬鱼，它里面就是加了柠檬。

琪琪指着桌子上的瓶子说："不对不对，是加了奶奶桌上放的那瓶透明的水。"

琳琳：奶奶，那瓶子里装的是什么？

琳琳奶奶：小朋友们的眼睛真亮，这瓶是醋。那你们知道怎么制作菜头酸吗？我们一起看看视频。

活动时，小朋友们观看了关于菜头酸制作过程的视频。在观看的过程中，小朋友们边看边问："为什么要在白萝卜上撒盐？""白萝卜撒上盐会不会很咸呢？"

"切好的白萝卜撒上盐，可以去掉涩水，这样白萝卜会更美味，更解渴。"琳琳奶奶解释道。

在观看视频、答疑解惑的过程中，小朋友们确定了制作菜头酸所需要的食材：白萝卜、盐、糖、醋。知道了创作所需的食材后，劳作活动便开始啦！小朋友忙着铺桌布、洗萝卜、切萝卜，他们分工合作跟着奶奶一起学做菜头酸。

鑫鑫：奶奶，白萝卜加柠檬和糖，可以变成菜头酸吗？

老师：我们可以试试看，加上柠檬的白萝卜能否变成菜头酸呢？

于是，鑫鑫组就保留小朋友自己的想法，白萝卜不加醋，而是将柠檬切片放在切好的白萝卜盒子里，看看是否能变成菜头酸。让我们一起期待两天后的成果吧！

琳琳奶奶讲解制作菜头酸的方法

一起动手铺桌布

一起切白萝卜片

用柠檬代替醋来自制菜头酸　　　　　　　　我来加醋，你们来加糖

这两天小朋友们入园后，一直都在关注菜头酸是否腌好了、什么时候可以吃的问题。早上，老师从厨房冰箱里拿出腌制好的菜头酸走进教室，小朋友们都围过来，说："哇！好香的味道，一定很好吃！""老师，我想尝尝。""我也要尝尝。"

阳阳：呀！这菜头酸好甜呀！吃起来脆脆的。

越越：咦！我们的菜头酸怎么有点酸？是放很久食物坏了吗？

萱萱：我来试试。太酸了、太酸了，一点都不好吃，是我们在制作时加太多醋了吗？

鑫鑫：我们加上柠檬的菜头酸，吃起来有点柠檬味。

旁边的小朋友听到，都围过来尝了一小片，边吃边说："加了柠檬味的菜头酸更好吃。"

老师：为什么有的小朋友制作的菜头酸会很酸呢？

我把问题抛给小朋友们，他们纷纷讨论起来，有的认为是没有储藏好，白萝卜坏了，导致不能吃；有的认为是醋加太多，才会酸；还有的认为是没有加糖才很酸。

老师：你们的答案都可能是对的，可是到底哪个答案才是正确的呢？

彭彭：我们问问琳琳奶奶，她是大厨师，一定知道答案。

诚诚：对对对，老师的手机借我们发语音给琳琳奶奶，我们可以问问她。

于是小朋友们决定以发语音的方式把自己的疑问发给琳琳奶奶，让奶奶来揭晓答案。

脆脆的菜头酸好美味啊

醋加太多，有点酸 　　　　　　　　呀！有点柠檬味

> **✿ 教师思考**
>
> 《指南》中指出，教师"应引导幼儿通过直接感知、亲身体验、实际操作进行科学学习"，让幼儿成为学习的主人。为了丰富幼儿对菜头酸的直接经验和感知认识，我们利用家长资源邀请家长入园助教，让幼儿通过洗、切、腌制、调味等环节积极主动探究菜头酸的制作过程。在制作过程中，我们发现小班幼儿初步显示出迁移生活经验方面的能力，能提出自己的问题。我们也支持幼儿的不同想法，让他们通过实践去寻找答案。

3. 我也来做四果汤

区域活动时，美工区的小朋友在制作闽南小吃碗糕和润饼菜。凌凌小朋友边做边说："周末我和哥哥又去了金鱼巷，吃了美味的四果汤。"

辰辰：哇！我也喜欢吃甜甜的四果汤。

辰辰小朋友边说边咂咂嘴。

琳琳：我不喜欢吃四果汤里的水果，我喜欢里面甜甜的汤。

禾禾：你不喜欢水果吗？四果汤可以加自己喜欢的水果。

诗诗：水果加在汤里会更好吃。

鑫鑫：我上次吃的时候往里面加了西瓜、哈密瓜、火龙果、菠萝。

诚诚：四果汤甜甜的，应该加了很多蜂蜜吧！

乐乐：四果汤喝起来冰冰凉凉的，一定放了冰水。

曼曼：四果汤里一条条白色的像果冻一样的东西是什么呢？

老师：它叫作石花膏，是我们闽南四果汤里特有的材料。

老师：制作四果汤需要准备什么呢？

禾禾：各种好吃的水果。还要有刀，这样才能把水果切成小小的一块。

鑫鑫：要有甜甜的蜂蜜，还要有冰块。

诚诚：一条一条的石花膏。

一起制作四果汤

讨论结束，我们请食堂的师傅帮我们准备水果以及制作四果汤的其他配料。小朋友们跃跃欲试，有的洗水果，有的切水果，有的刮石花膏……他们忙得不亦乐乎！经过一番制作，清凉可口的四果汤终于完成啦！他们根据自己的喜好搭配四果汤配料，品尝美食。

彭彭：呀！我的四果汤一点都不甜。

辰辰：你要加蜂蜜才会变甜。

说着，辰辰就往彭彭的碗里挤了几滴蜂蜜。

鑫鑫：我的四果汤太甜了，是不是蜂蜜加太多了！

诚诚：我试试。呀！真的很甜。

彭彭：水多加一点就不会那么甜了。

就连不爱吃水果的琳琳也尝试往四果汤里加了西瓜，迅速进入了"吃货"状态，边吃边说："西瓜加在四果汤里更好吃了！"大家边吃边跟旁边的小朋友分享自己的四果汤里加了哪些配料，沉浸在分享美食的快乐中。

品尝四果汤　　　　往四果汤里加蜂蜜和糖

✿ 教师思考

四果汤是幼儿日常生活中常见的一种闽南小吃。在制作四果汤前，大部分幼儿都有一定的生活经验。他们能用简短的语言描述四果汤里的配料，并表达自己的喜好。在操作过程中，可以看出他们有初步的分工合作能力。在搭配四果汤过程中，幼儿不能很好地把握蜂蜜的配

> 比，但是他们在发现问题后，能看到之前同伴的经验分享和相互帮助，在劳作过程中体验到劳动和品尝美食的快乐，不仅锻炼了幼儿的动手能力，还帮助他们整合生活经验，增强了幼儿的自我服务意识，萌生对家乡浓浓的爱意，让简单的美食富有意义，更添美味。

（三）幼儿园也有金鱼巷啦

1. 金鱼大畅想

上午自由活动时，曼曼和琳琳拿着纸张过来，问："老师，你能帮我们画鱼吗？我们想把鱼涂上漂亮的颜色。"我边画边问："你们给这些鱼涂色要做什么呢？""我们想把走廊变成彩色的金鱼巷。"旁边的小朋友听见也都围过来，说："呀！那我们的走廊就会变得更漂亮了。"

彭彭：老师，金鱼巷里有好多的鱼，我们可以做很多不一样的鱼吗？

禾禾：金鱼巷里的鱼有的是凸出的，有的是镂空的。

文文：金鱼巷里的鱼有的在地板上，有的在墙壁上。

宁宁：老师，我们可以把做好的鱼用来装扮我们的教室。

诚诚：对对对，我们想做很多鱼，就像我们在金鱼巷里寻到的鱼。

老师：你们想把我们的走廊装扮成像金鱼巷一样，是吗？大家可以选择自己喜欢的工具制作鱼。

于是，区域活动时，我在美工区提供了一些纸筒、颜料、鱼的图案。小朋友们有的选择纸筒，有的选择拓印，有的选择在已剪好金鱼轮廓的气泡膜上自主涂色。小朋友们在游戏中，创作出了彩色的金鱼巷。他们的创作吸引了其他小朋友的关注，大家纷纷预约下次的区域活动，也打算创作美丽的金鱼巷。

在后期的区域活动中，小朋友们用拼插和剪纸的方式，拼插出他们心中金鱼巷鱼的造型。在剪纸过程中，小朋友们先用涂鸦的方式，画出鱼的外形，再用剪刀剪下鱼的造型。他们开心地向老师、同伴展示自己的作品，并表示这是他们在金鱼巷看到的镂空的鱼。在区域活动中，通过不同方式创作他们心目中金鱼巷里的鱼及各种美食让他们乐此不疲。

辰辰：老师，我觉得我们的教室很像金鱼巷，有好多不一样的鱼。

诚诚：我最喜欢金鱼巷里的小吃。

禾禾：我们可以在区域里制作美食吗？

诗诗：对对对，可以在角色游戏中开小吃店。

阳阳：太好了，这样就可以吃到美食啦！

在小朋友们的提议下，我们决定在角色游戏中增加美食小吃店这个主题游戏。这几天的区域活动，小朋友们都在忙碌地制作各种小吃，期待角色游戏小吃店的开张！

走廊装扮——彩色金鱼巷

拓印金鱼巷里的鱼

剪出镂空的鱼

制作美食小吃店各种小吃

制作美食

> ✱**教师思考**
>
> 金鱼巷的场景一直是幼儿的热议话题，他们想将金鱼巷里鱼的形象通过涂色的方式进行再现。这说明小班幼儿有表现美的欲望。因此，在区域活动时，我们通过玩色、涂鸦、剪纸、拼插等方式，让幼儿在实际操作中，创作他们心目中的金鱼巷里的各种形态的鱼，体验创作美的乐趣。在谈话中，有幼儿提议在角色游戏中增添金鱼巷吃到的美食，还想把走廊变成金鱼巷景点。他们能根据生活经验，提出自己的想法和看法。我不禁期待接下来的游戏，他们会带给我什么样的惊喜呢？

2. 金鱼巷小店开张啦

下午角色游戏开始啦！小朋友们翘首以盼的金鱼巷开张啦！我抛出问题：班级开展金鱼巷的美食要开张了，我们要怎样布置美食店呢？可以卖哪些美食呢？

越越：小吃店可以开在教室外面吧！这样现场就不会拥挤了。

曼曼：我觉得餐桌上可以摆放一些花，这样我们的店铺会更漂亮。

越越：我拿一个拱门当作我们店的大门，这样就不会和其他店混淆起来。

琳琳：服务员要打扮得漂漂亮亮的，这样会更吸引顾客。

禾禾：还要有一个大大的标志，这样顾客才知道我们的美食店在哪里。

老师：金鱼巷里可以卖哪些美食呢？

禾禾：我们可以把区域做的碗糕、润饼菜、海蛎煎拿过来卖，这样就有很多好吃的美食，保证每个人都能吃到。

诚诚：这样我们的教室就是金鱼巷了，娃娃家的爸爸妈妈就可以带家里的宝宝来金鱼巷吃美食啦。

鑫鑫：我们也可以做酸酸甜甜的菜头酸。

小朋友们讨论完，就开始忙碌起来。他们或两两合作，或几人合作，开始布置各家的店铺。游戏开始时，美食店的"老板"开始吆喝："欢迎顾客来到我们的金鱼巷，里面有很多美味的小吃，大家都可以来品尝哦！""服务员"们也在音乐区拿出道具和服装，打扮得很漂亮。

越越：这是闽南小吃润饼菜，欢迎大家来品尝。

禾禾：这是甜甜的碗糕，大家可以来试试哦！

琳琳：酸酸甜甜的菜头酸，很解渴，大家来尝尝吧！

游戏中，"老板"们介绍着自家美食，"顾客"选择自己喜欢的美食，坐在餐桌上边吃边和旁边的小伙伴聊天。在小朋友们的游戏中，幼儿园里的金鱼巷呈现出一幅热闹、温馨的画面。

金鱼巷开张

> **❋ 教师思考**
>
> 在游戏中，幼儿能迁移生活，自主布置场地，并能把美工区制作的美食拿到金鱼巷里的美食店供顾客选择。由于在上次游戏中，幼儿已有了初步的计划，在游戏中能按照计划进行，参与游戏的主动性更强。随着游戏的推进，幼儿的计划意识和以物代物的能力也在逐步提高，表征能力也越来越强。

三、小结与反思

（一）顺应幼儿的兴趣，让亲子参与助推活动

假期寻龙打卡中，金鱼巷的话题引起了幼儿的兴趣。当我们捕捉到了幼儿的兴趣并顺势而为时，带给我们的不仅是惊喜，更是智慧。在整个活动中，我们遵循幼儿探究在前、教师支持在后的原则，借助家长资源，开展亲子家庭小分队活动及后期的家长助教等活动，让家长们在参与的过程中，体验到了责任感，幼儿也为自己的家长感到自豪，使家园形成合力。整个活动的开展源于幼儿的兴趣，兴趣促使他们能在较长的一段时间持续参与。他们的每一次活动都能基于之前开展的活动而有所推进，而且这些活动没有教师的直接引导和介入，都是幼儿自主完成的，这让我看到了兴趣的力量。

（二）实践支持性策略，让后续活动顺利开展

1. 紧随兴趣，支持幼儿操作体验

幼儿对金鱼巷里的各种闽南特色小吃很感兴趣，于是教师创设宽松的环境，让幼儿自由操作。教师给予幼儿充足的活动时间和空间，尊重他们的想法，使他们能够自主与材料互动。比如制作菜头酸时，幼儿可以根据自己的意愿，尝试加入柠檬自制菜头酸；角色游戏中，幼儿可以根据自己的意愿，把美食区从室内搬移到室外的走廊等。

2. 关注需求，给予幼儿适当的帮助

教师始终要做一个观察者，在幼儿需要帮助的时候及时提供帮助。在活动中，我把主动权归还给幼儿，让幼儿一起参与金鱼巷环境的创设、店铺的布置等活动。在角色游戏中，通过抛出话题和观察照片，调动幼儿关于金鱼巷的已有经验，也让幼儿很清楚地知道我们的任务是什么——开一家金鱼巷里的小吃店。基于小班幼儿的年龄特点，他们还不具备策划和统筹的能力，所以教师心中要有整体的目标和计划，将一些适合的话题抛给幼儿讨论，并投放适宜的操作材料让幼儿动手制作。当大家一起动手后，呈现出来属于小一班的"金鱼巷"，使幼儿体验到参与活动的成功感。

课程的价值取向是赋予幼儿更多的思考与探索开放式问题的权利，让幼儿在活动中从原本的经验到新的经验，不断进行调整和重组，真正体现幼儿的自主性。因此，作为教师不仅要激发幼儿对事物的兴趣，还要竭尽所能满足他们可贵的好奇心，鼓励和接受幼儿的新奇想法和做法，并为幼儿提供自由探索的时间和空间。

（供稿者：泉州市丰泽机关幼儿园　黄冰英、许宁苑老师）

活动案例 5：厝顶上的小神兽（中班）

一、活动缘起

甲辰龙年，泉州的十龙九子打卡装置火出圈。寒假回归时，小朋友们都兴奋地和同伴分享过年期间寻龙打卡的经历。

"这是我和妈妈找到的龙龙，它叫囚牛，是粉红色的，很可爱吧。"

"和我合照的龙最厉害，它很酷，嘴巴上还有一把刀呢。"

……

听到朋友们的分享，镓镓也秀出了和爸爸一起打卡的中山路金鱼巷——

泮宫口的大青龙照片，撅着嘴说："你们这些都是龙的宝宝，我这只才是真正的龙！"

"没错，龙的身体很长，还会飞。"

"对啊，所以它才能飞到天上！"

"我上次在开元寺的屋顶上见过，就是这样的龙。"

"幼儿园旁边的屋顶上也有龙的。不信我带你们去看！"

……

小朋友们倚着围栏，眺望着一墙之隔的厝顶神龙。就这样，一场关于厝顶神兽的探秘之旅拉开了帷幕。

发现厝顶神龙

✽ 教师思考

对于中国人来说，龙有着非凡的意义。龙，不仅是吉祥如意的象征，还是传统文化内涵的传承符号。而能把龙表现得美轮美奂的地方，非泉州莫属。闽南古厝的屋顶，被称为"美丽的冠冕"，龙形脊饰则是屋顶装饰中最精彩的部分。《纲要》中明确指出，要充分利用社会资源，培养幼儿热爱家乡、热爱祖国的美好情感。此刻，熠熠生辉的古代图腾文化正靠着它神秘又瑰丽的特质吸引着幼儿的目光。因此，我们决定追随幼儿的兴趣，与他们一同开启一段厝顶神兽的探秘之旅，期待这段探秘之旅能成为幼儿了解、传承传统文化的一条纽带。

二、活动过程

（一）初遇厝顶上的神龙

1. 神龙知多少

自从发现厝顶神龙之后，小朋友们总是借着散步的时间去看看神龙。这天，卷卷拉着我说："龙的身体那么长，跟蛇一样可以弯来弯去呢！"卷卷这一发现也引发了其他小朋友的好奇心，大家纷纷对龙的长相评头论足。

"它长得真奇怪，怎么头上还长角呢？"

"我觉得它看起来很神气的样子啊！嘴巴还张得很大。"

"哎呀，那是它的翅膀吗？"

"不对不对，那是它的爪子！"

……

"大家对龙的样子都很好奇，那我们一起去找找资料，看看它到底长什么样子吧！"

带着问题，小朋友们发动爸爸妈妈们一起查找资料，翻阅绘本，上网搜索……各显神通。

第二天，大家带着自己查找到的资料开启了一场"神龙知多少"的分享会。

镓镓：我知道有四海龙王，它们负责刮风下雨，是很厉害的神兽。

星星：这是妈妈从图书馆借来的书，书名叫《天上飞来一条龙》，书里说龙身上有很多动物的部位，有了这些部位，它就有了强大的神力。

卷卷：对对对，我阿嬷说龙是会保佑我们的神兽。你们看，它的爪子像老鹰的爪子，所以像老鹰那么勇敢。还会飞呢！

小瑜：它还很威风，会呼风唤雨呢！

小燊：老师你看，龙角和梅花鹿的角是不是很像？哈哈，它是借了梅花鹿的角。

颢颢：龙是拿了蛇的身体。

晖晖：我觉得它也很像鱼，你看它也有鱼鳞。

为了帮助大家对龙的外形特征形成更加完整、清晰的认识，小朋友们将各自的发现绘制出来并组合成了神龙外形的导图。当神龙导图组合拼接出来后，小朋友们惊呼："原来龙就是各种小动物的合体，就像机器人合体一样厉害！"

绘本《天上飞来一条龙》　　　　　　　　绘制神龙外形导图

2. 厝顶龙出没

在对神龙的形象、神力有了一定的了解后，小朋友们对于龙的喜爱更加深厚了。他们都期待着能与更多厝顶上的"神龙"不期而遇，于是相约开启了一场寻龙之旅。

寻龙家庭小分队　　　　　　　　　　　寻龙家庭小分队

小朋友们的足迹遍布泉州的老城区，他们参观了天后宫、开元寺、关岳庙……

天后宫 　　　　　　　　　　开元寺

通淮关岳庙 　　　　　　　　元妙观

在实地参观、调查之后，小朋友们在分享中开始聚焦自己看过的厝顶神龙不同的造型。

板栗：我看到的是一条大青龙，它正在吐水。

小瑜：有的屋顶有很多条龙，还是不同颜色的呢！

晖晖：桑莲法界的屋顶上还有两条龙在保护一颗龙珠。

星星：我看到有的龙尾巴翘起来像站着，有的龙身体弯弯的像两个圈。

老师：为什么我们看到的厝顶上的龙，它们的样子、颜色都不一样呢？

大青龙吐水 　　　　　　　　　　　双龙护珠

翘尾巴的神龙 　　　　　　　　　　一起搜索、查找答案

　　带着疑问，我们现场求助神通广大的网络，小朋友们收获了不一样的经验：原来不同造型的龙有不同的意义，有"双龙护珠""双龙护塔"……尾巴翘起来的龙叫降龙，尾巴在上身体在下、像蛇一样弯曲向前游走的叫行龙，还有一种身体反转过来要向上飞的叫升龙。

双龙护珠 　　　　　　　　　　　　双龙护塔

143

降龙

行龙

升龙

老师：那为什么厝顶上会有这么多神龙呢？

俊俊：每次奶奶带我去寺庙，我都能看到龙，她说龙会保佑我们。

星星：五颜六色的神龙让古厝看起来更漂亮啦！

晖晖：因为这样会让房子看起来很神气、很好看！

板栗：对啊，龙看起来又威风又神气，是可以保护我们的神兽，所以放在屋顶上坏蛋就不敢来啦！

小瑜：厝顶上有了神龙，我们在家什么都不用怕啦！

……

老师：厝顶神龙可真神气啊。陈老师还知道一首关于它的童谣。

屋顶上的"龘"

在泉州，有条龙，

龙生九子各不同。

云中飞，雾中腾。

呼风唤雨显神通。

屋檐上，有神龙，

降龙、升龙和游龙，

戏龙珠，护宝塔，

龙行龘龘万事通。

小瑜：这首童谣真好听，把我们知道的神龙都体现在里面呢！

星星：陈老师，什么是"龙行龘龘"呀？

老师：就是很多龙飞起来的样子。

星星：哇，有很多龙保护我们，我们就什么都不怕啦！

老师：是啊，龙行龘龘万事通，什么事都能成哦！

板栗：陈老师，屋顶的神龙本领真多啊！我希望我们小区屋顶上也有条龙。

小瑜：我也想像哥哥姐姐一样，变成小龙边唱边跳。

老师：当然可以啊！

❋ 教师思考

在闽南古建筑装饰中，龙的加入不仅为建筑增添了威仪和气势，还赋予人们以美好幸福的寓意。在自主参与的信息调查、实地寻访以及及时的分享交流、梳理总结之后，幼儿对龙这一形象的由来和人们所赋予它的神力有了全面的了解，对龙文化的喜爱和崇拜也溢于言表。同时，在亲子交流和自主观察中，幼儿对屋顶神龙的存在意义也有了自己独到的见解。当幼儿谈论起屋顶神龙而流露出自豪的神情时，学园原创的童谣《屋顶上的"龘"》正好为这一阶段的神龙探究活动做了一个总结。接下来，我们也希望幼儿能借助更加多元的方式来表达自己对神龙的认识。

3. 大话（画）神龙

了解神龙之后，小朋友们开始在美工区着手创作自己心中的最强神龙。

大笑神龙，让人看了乐呵呵　　　　会下亮晶晶的金子的大金龙

发现儿童的力量——幼儿园"生活·文化"课程实践

会跳早操的龙

会灭火的消防龙

关岳庙上会发光的大金龙

彩虹龙，会变出漂亮的彩虹

抓着金元宝的发财龙，保佑大家赚大钱

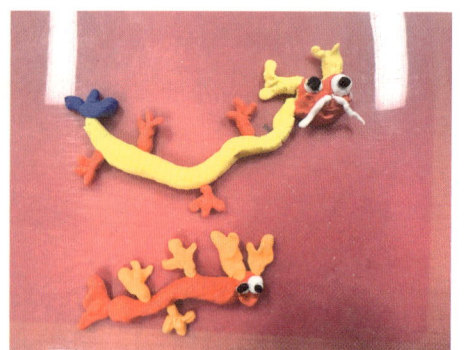

龙妈妈带着小龙宝学飞

大力士龙可以把很重的东西卷起来　凶凶龙，保护我们不被坏人欺负

> ✷**教师思考**
>
> 　　古人将动物与自然现象相融合，通过夸张与变形创作出龙这种神秘的生物，我们不仅要看到龙形象背后丰富的文化内涵和象征意义，还应该赞叹古人在艺术上的想象力和创造力。在充分的感知之后，幼儿的表达和表征能力的发展也显得顺其自然。他们通过绘画、泥塑、言语等形式来表达自身对龙的神力的大胆想象，展现出最真实的需要和想法。在一次次龙形象的塑造中，幼儿的艺术创作能力也跨越时空，与古人达成想象力上的一致。

（二）再探厝顶上的神兽

1. 厝顶聚神兽

这天小燊在分享自己的最强神龙时，提出的新话题引发了小朋友们的讨论。

小燊：妈妈带我去了关岳庙，上面除了有各种颜色的龙，还有个长相奇怪的小神兽，妈妈说它叫麒麟。

乖乖：元妙观也有麒麟，是大麒麟，还有神仙鸟和神仙鹿。

小杭：我还在文庙看到鸱吻在屋顶上。

绮绮：关岳庙还能看到凤凰呢，是龙的老婆。

老师：除了龙，还有这么多的神兽在厝顶上呀！

板栗：对啊，我在网上还看到北京故宫的屋脊上不仅有龙和凤凰，还有狮子、海马、天马和狻猊。

……

在大家的分享中，我们知道了原来厝顶的神兽不只有神龙，还有凤凰、狻猊等神兽。

分享麒麟神兽 　　　　　　　　　分享凤凰神兽

小晖：为什么屋顶上会有这么多的神兽呀？

老师：是呀，这些神兽各自有什么本领呢？

小晖提出的问题马上引起了小朋友们热烈的讨论。带着小朋友们提出的问题，我们开始了一场带着神秘色彩的调查。

分享鸱吻神兽

有过前几次搜索查找的经验，这次小朋友们带领家长轻车熟路地利用关键词，找到了很多神兽的法术。

调查问卷

2. 武力值大 PK

小钊：麒麟跟神龙一样，身上的很多部位都是找小动物借来的。

小瑜：它也有鹿角，身上还有小鱼的鳞片，虽然长得很可怕，但是它能给人带来好运！

小钊：它的声音像打雷一样，还能吐火呢！

涵涵：凤凰是最厉害的。它可是百鸟之王，所有的鸟都听凤凰指挥。

小德：我最喜欢的鸱吻，它是龙的儿子。它喜欢吞火，还能喷水降雨，是古代的消防员，可厉害了。

老师：大家找到了这么多神兽，也了解到了它们的特点和法术，那你们觉得这些神兽和神龙谁更厉害呢？

问题一出，大家都替自己喜欢的神兽拉票，都觉得自己喜欢的神兽是最厉害的，谁也不服输。

板栗：神兽都那么厉害，那我数数它们都有什么法术，比一比不就知道谁最厉害了。

板栗的建议得到了大家的认同，于是一场神兽武力值大 PK 开始啦！大家将自家神兽的法术能力记录下来，经过对比，神龙因为法术多、外形霸气赢得了最多的支持者，获选武力值最强屋顶神兽。

神兽武力值导图

幼儿投票

✲教师思考

造型变化多端的神兽，不仅使中国古建筑屋顶变得生动有趣，还让我们的课程得以不断丰富和深入。当幼儿把神龙的话题拓展、转移到各种神兽的谈论和探究中，我们也根据他们的兴趣点，邀请家长参与其中，带着幼儿搜集各种厝顶神兽的信息，通过简单的调查，并用图画或其他符号进行记录，再通过游历厝顶神兽对其进行观察比较，发现其相同点和不同点。在交流分享的过程中，幼儿借助图表的方式梳理了厝顶神兽的种类和特征，丰富了对神兽的认知。

3. 滴水兽揭秘会喷水的神秘小神兽

正当大家都沉浸在神兽大 PK 的比试结果时，小晖吐槽道：“我和妈妈去花巷找神兽的时候还被一只‘龙鱼’吐水了呢！你们看，就是它！”

板栗：他不是龙鱼，它叫滴水兽。

星宝：为什么叫滴水兽呀，它不就是一条鱼吗？

小晖：对啊，神兽都是奇形怪状的，还有很厉害的法术。

阅读绘本

......

滴水兽作为我们闽南人的守家神兽，不仅有着长相各异的形态，还有着美好的寓意，更是闽南建筑中西合璧最好的见证。为了一解滴水兽外形之谜，我们先在阅读区投放了绘本《怪奇生物大图鉴》，让小朋友们从绘本中了解滴水兽变化多样的造型，有金鱼款滴水兽，有麒麟、狮子、大象等兽形滴水兽，有莲花、菊花等花形滴水兽，等等。

那滴水兽到底是不是神兽呢？大家一时也得不出结论，于是"百度小助手"上线，我们一同寻找滴水兽的由来寓意。

与父母共同查找信息　　　　　　与父母共同查找信息

板栗：滴水兽是用来守护我们的房子的，它不仅会吸水还会吐水。

绮绮：对啊，没有它，下大雨的时候我们的房子就会被水淹没。

乖乖：爸爸说，很早以前的房子屋顶都是用木头搭的，要是被水泡了房子就塌下来了。

小晖：那滴水兽可比其他神兽厉害多了，它是真的能吐水呀！

星宝：陈老师，可它是怎么吐水的呀？

老师：那就让我们一起来看看金鱼滴水兽的模型吧！

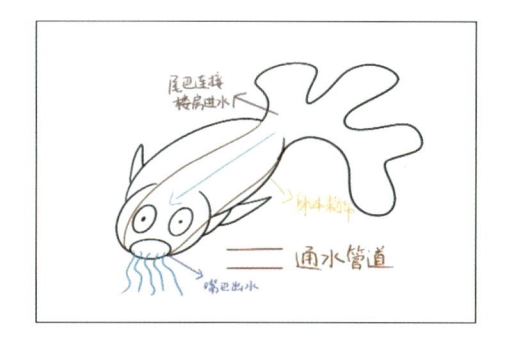

滴水兽结构分解图

星宝：我知道了，它的尾巴能将水接住，然后水就流到嘴巴里。

小晖：它们都是斜斜地靠在屋檐那儿。

老师：是啊，它的尾巴连接着屋檐，下雨时，尾巴的那头将水接住，水通过身体流动到头部，头部可以将储存的水通过嘴巴排出去。

游梧林村落寻滴水兽

为了让小朋友们与滴水兽亲密接触，更直观地观察到滴水兽的结构、造型，感受滴水兽的独特之美，我们在周末班级开展了家庭小分队活动。

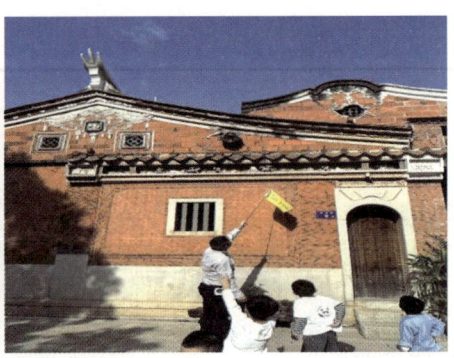

寻滴水兽家庭小分队

小姝：我们去梧林村落找滴水兽的时候，发现滴水兽不只有白色的，还有其他颜色。

小杭：对对，我还看到有狮子造型的滴水兽。

乖乖：我们还拍了很多的照片，可以把照片贴出来做成相册书。这样大家都能看了。

寻滴水兽家庭小分队

> ✹ **教师思考**
>
> 小朋友们对于滴水兽的兴趣热度依旧不减，话里话外间便将话题迁入想为滴水兽做个宣传册中。这似乎带给我们另一种持续性行动的信号，通过这种持续性行动，幼儿能更深入地了解并宣传滴水兽。那就行动起来吧！

老师：这个提议真不错，但是如果有的小朋友看了照片还不知道介绍的是什么，怎么办呢？

小燊：还可以加入一些我们自己画的图，就像绘本一样，看不懂的地方可以借助图片来介绍。

小燊的建议得到了大家的认可，于是说干就干，大家一起筛选照片、设计图案……

幼儿选照片　　　　　　　　　　幼儿制作出游故事书

巧手制作创意滴水兽

绮绮：这么可爱的滴水兽，好想把它介绍给其他人认识呀！

小葭：我们可以做滴水兽送给其他班的小朋友啊！

小瑜：我最喜欢金鱼造型的滴水兽。我要用彩泥把它做出来。

小姝：我比较会画画，所以想把滴水兽画下来。

有了出游画册制作的经验，小朋友们信心满满，自主分工，并成立了调查组、设计组、制作组和介绍组。

调查组用绘画的方式记录在班级里找到的相关制作材料，如彩泥、彩纸、玻璃纸、雪糕棒等。

幼儿统计材料收集单　　　　　　　　幼儿统计材料收集单

设计组的成员们发挥想象，绘制各种滴水兽造型图。

我们在制作

幼儿绘画滴水兽 　　　　　　　　幼儿绘制滴水兽

泥工滴水兽 　　　　　　　　滴水兽奶茶杯展示

在制作的过程中，小朋友们还针对滴水兽特有的排水功能进行了创作。

小晖：用彩泥做成的滴水兽的嘴巴没有洞，水流不出来怎么办？

镓镓：用吸管挖个洞不就能流出水了。

小姝：我的奶茶杯滴水兽大口接水，底下还有个小口排水。

小朋友们对滴水兽的兴趣依旧高涨。他们讨论着各自的设计方案，同时记录遇到的问题。

完成后，小朋友们将自己制作的滴水兽摆放在展台上展示，并向同伴介绍。

绘画记录遇到的问题　　　　　　　　　幼儿记录

✱教师思考

在制作宣传相册、设计滴水兽文创作品的过程中，我们能看见幼儿解决问题的主动性。他们能在设计过程中不断思考、创造、改进，把自己独特的想法付诸行动。在集体讨论、收集材料中，其社会性能力也潜移默化地发展起来。滴水兽奶茶杯、滴水兽扇子、滴水兽摆件等文创作品兼具了艺术性和实用性。每次散步时，小朋友们都要驻足欣赏许久。我想他们收获的除了各种自己亲手制作的文创作品，还有满满的成就感。

（三）再创我们的守护神

1. 属于我的保护神

自由活动时，禾禾站在主题墙边看着大家做的神龙喃喃自语："为什么厝顶都是神龙和神兽呀？我们家的金毛也很厉害，它也可以像神兽一样保护我。"禾禾的话提醒了我们，厝顶是不是只能有神兽呢？是不是也可以有属于小朋友们自己的偶像和"小信仰"呢？这个想法引起了小朋友们的兴趣。于是，一场天马行空的厝顶畅想记开始啦！

小德：我的守护神是小鲤鱼，《鲤鱼历险记》里面的小鲤鱼非常勇敢，所以它一定能保护我们。

小烨：我哥哥属蛇，他非常厉害，所以蛇能像哥哥一样保护我们。

铱铱：蜗牛的壳像保护罩，它当保护神就可以把房子包起来保护。

星星：警犬会抓坏人、救人，大家都喜欢它。警犬当保护神肯定是最厉害的，一定能保护大家。

小瑜：霸王龙是恐龙里面最大、最凶猛的种类之一，如果当了保护神，坏人就不敢来了。

涵涵：我最喜欢棒棒糖，吃了会感到很开心。它可以把房子变得甜甜的，让人感到很开心。

板栗：螳螂是益虫，如果它当了保护神，蔬菜就不怕被虫子吃掉了。

小杰：我爸爸是军人，他就是我的保护神。

小鲤鱼保护神　　　　　　　　　　生肖蛇保护神

第二部分 实践篇

蜗牛保护神

小狗保护神

霸王龙保护神

棒棒糖保护神

螳螂保护神

军人保护神

157

发现儿童的力量——幼儿园"生活·文化"课程实践

除了平面的设计，小朋友们还制作了属于我们自己的立体的厝顶保护神。

大青蛇保护神，和大神龙一样厉害

厉害的霸王龙保护神

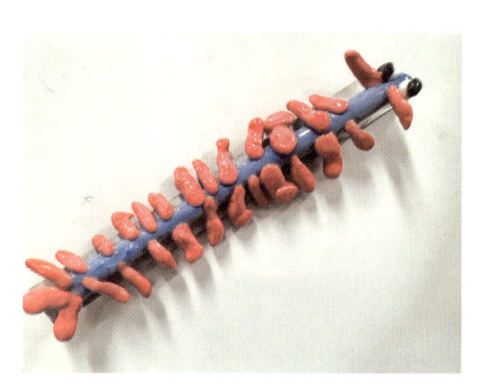

蜈蚣保护神，可以入药用

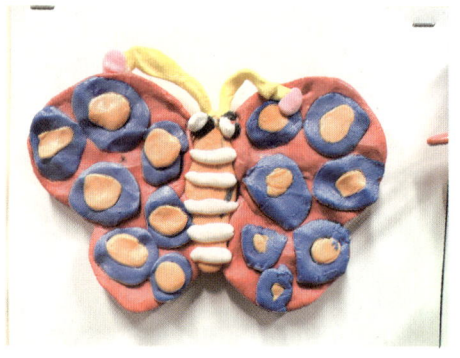

蝴蝶保护神，会让我们变得美丽

地球妈妈最厉害，是大家的保护神

小蜗牛力气大，可以背着房子，是大力神

蛋仔有超能力，可以保护我们　　　奥特曼保护神，专门帮小朋友打怪兽

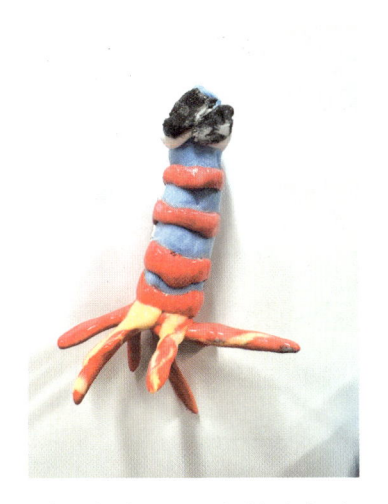

大王乌贼，可以吞下很多东西　　　小老鼠很聪明，所以是聪明神

2. 保护神放哪里

设计好的神兽可以放在哪里呢？

浩浩：可以放在我们班的大门口，挡住坏人。

板栗：一楼大厅不是有很多的门吗，我们可以将保护神的画像贴在上面。这样一进门就可以看到我们班设计的保护神了！

钊钊：对啊，那么多的门，每个门上都贴一些或放一些保护神，可以保护整个幼儿园的小朋友。

发现儿童的力量——幼儿园"生活·文化"课程实践

在班级门口放保护神 　　　　　　　　在一楼大厅放保护神

在美工室放保护神 　　　　　　　　在作品区放保护神

在消防栓上放保护神 　　　　　　　在灭火器箱上放保护神

> **✿ 教师思考**
>
> 在中华优秀传统文化里，一直不乏人们对喜庆、祥瑞的追求。因此，在古建筑上才不乏象征着祥瑞的神兽。我想，幼儿在对属于自己保护神的理解以及大胆的想象和创造中，不仅有生活经验的嫁接，还映射出他们对美好生活最真实的感受和追求。

（四）厝顶神兽推荐官上线啦

1. 小神兽文创展

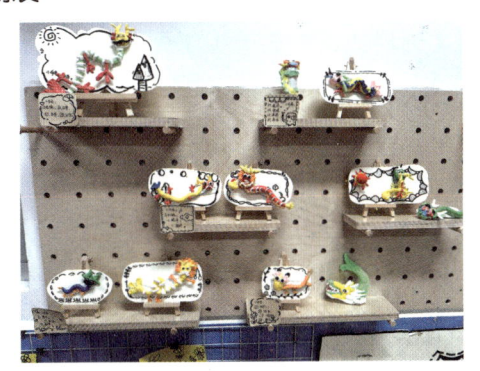

文创摆件展示

周末结束后，小燊高兴地背着小手让我猜猜他的手里有什么。大家你一言我一语地猜了起来。零食、玩具……猜了许久都没有猜出正确答案。在大家的催促下，小燊拿出了手里的小玩意，说："你们看，这是开元寺厝顶神龙，有磁铁的，可以吸在冰箱上，漂亮吧。"小燊神气地介绍着他带来的小物品。

"这是在哪里买的呀？我也要去买。"

"还有其他的神兽吗？"

小朋友们拿着冰箱贴爱不释手。这时，传来一句小声的话："我们也可以自己捏吧。"这一句话点醒了大家："对啊，我们也可以制作属于我们的冰箱贴。"说动手就动手，小朋友们开始在班里寻找材料，如竹签、磁铁、超轻泥……一批厝顶小神兽周边文创品即将出炉啦！

文创冰箱贴展示

2. "厝顶的美"宣传单

有了立体可爱的文创周边，怎么能少了颜色鲜艳、绘画写实的厝顶宣传单呢？

大家制作神龙冰箱贴获得了好评，让小朋友们的创想有了更多动力。

星星：假期的时候，我看到很多游客在开元寺找神龙都迷路了。

小姝：我们画出来给他们看看就知道啦。

说着，两位小朋友就在美工区动手画起了厝顶神龙，没多久就画好了神龙，并和大家分享。

老师：星星，你画的神龙真好看，形态也很像，但是你画的画那么大张，有这么多形态的神龙，如果游客要找到全部形态的神龙不是要带上很多很大的纸张？

美美：那怎么才能让游客不用带那么多纸张却还可以找到很多不同的神龙呢？

湉湉：我去西街玩的时候看到有人手里拿着一张小纸张，里面有好多图案和字，我们也可以在一张纸里画很多，这样游客就可以只拿一张宣传单去找神龙了。

小俊：对呀，就像我们的寻龙秘籍，可以折起来，要看的时候打开就可以了。

宣传册大张版本　　　　　　　　幼儿商讨方案、绘画

宣传册　　　　　　　　　　　　向游客介绍宣传册

✽教师思考

在神兽文创展的策展及宣传册的制作过程中，幼儿进一步深入挖掘脊兽文化，对于情感的表达也是积极主动的。特别是他们主动走到其他班级向更多的小朋友介绍屋顶神兽的时候，我们看见的不仅是幼儿深入实践中自信从容的交流，更重要的是他们借此了解了自己的家乡，认识了自己生活的这座城市。相信一颗热爱家乡的种子也在他们幼小的心灵中萌芽。

三、小结与反思

生活中美好的事物需要眼的发现、心的感受，当幼儿将话题聚焦到"屋脊上的龙"时，我们跟随幼儿的兴趣，从发现、调查、亲子探索、同伴之间的经验分享、搜集信息和数据、参与脊兽的艺术创作等方面，让幼儿在了解龙和神兽的过程中感受民族文化的独特魅力和价值，深入地了解自己所属的文化背景，也渐渐被厝顶神兽特有的家乡韵味所影响着。而在这一系列的探究、表征的活动中也承载着幼儿的成长记忆和对生活的情感与认同，赋予他们独特的体验。文化会被记住，会被传承，会被延续……我想这也正是我们这个课程的意义所在。

（供稿者：泉州市丰泽机关幼儿园　陈婧文老师）

活动案例 6：印象洛阳桥（大班）

一、活动缘起

在开展主题"家乡的桥"中，班级家庭小分队带着任务，纷纷踏上了探寻泉州各种桥的旅程。当小朋友们带着满满的收获回到课堂，便迫不及待地开始分享自己的所见所闻。

"我看到桥有好大好长的桥洞！"土豆手舞足蹈地描述着。

"我看到的桥边上有好多人在钓鱼呢！"彤彤兴奋地补充道。

就在这时，贝贝站起来，自信满满地说："我介绍的桥最特别，它叫洛阳桥，是中国四大古桥之一哦！"

"哇！"小朋友们纷纷发出惊叹声，好奇的小眼睛闪烁着光芒，仿佛已经穿越到了那座古老的桥上。

"贝贝，洛阳桥是什么样子的呀？"可可好奇地问道。

贝贝想了想，说："洛阳桥很长很长，桥面上还有石头做的栏杆，好像可以一直走到天边去。"

"那桥下面有什么呢？"思思追问道。

贝贝挠了挠头，有些不确定地说："我忘记了，但是我们可以一起去看看啊！"

小朋友们的兴趣被贝贝的话激发了，纷纷表示想要亲自去探寻洛阳桥的秘密。就这样，一场关于洛阳桥的探索之旅便在大班小朋友们的好奇心和探索欲中悄然而生。

二、活动过程

（一）探桥之秘

1. 洛阳桥大调查

听说洛阳桥是中国最早的跨海大石桥，小朋友们的眼睛闪闪发光，像是发现了新大陆！

可可小手一挥，得意地说："我爷爷带我去过洛阳桥哦，那里的桥好结实，像大力士一样！"

思思点点头说："我也去过，桥好长好长，像条巨龙横卧在江面上。"

乐乐接说："你们知道吗？洛阳桥还有个海蛎兵的故事，超级神奇呢！"

贝贝急忙问："真的吗？我还没去过呢，好想快点去看看呀！"

家长们也想参与我们的探险，于是，我们发了一份《"洛阳桥"亲子调查表》，邀请小朋友和爸爸妈妈一起去发现洛阳桥的小秘密，可以用图画和文字记录下来哦！

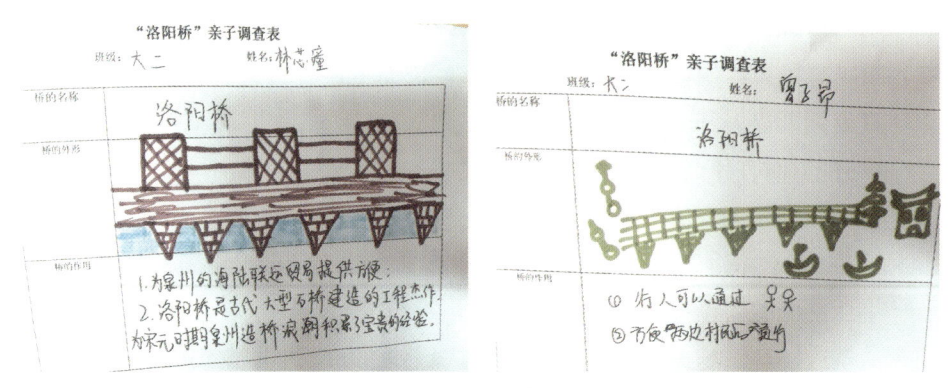

问卷调查表

2. 探访洛阳桥

星期一回到幼儿园，小朋友们都变成了小小探险家，带来了好多关于洛阳桥的有趣发现。

"洛阳桥真的很大很大，像座大大的城堡！"

"我看到桥下有好多小船，是不是古代的人们就坐这些船过江呀？"

"洛阳桥旁边还有石像哦，它们好像在守护桥梁呢！"

小朋友们好奇地问："老师，洛阳桥的桥墩是什么样的呀？""桥旁边的石像又是谁呢？"带着这些疑问，家长们在周末带着小朋友再次踏上了洛阳桥的探险之旅。

亲子游洛阳桥

这次，小朋友们发现了更多好玩的东西。

"老师，我看到桥墩了，它们像大大的船底，好特别！"

"还有还有，桥边有座小塔，我可以用它当望远镜看向远方。"

小朋友们兴奋地把这些发现画下来，用五彩斑斓的颜色描绘出他们心中的洛阳桥。

船型桥墩

"我要把洛阳桥画得漂漂亮亮的！"可可拿着画笔，认真地涂画着。

其他小朋友也纷纷加入，大家一起创作了一幅幅属于洛阳桥的美丽画卷。

长长的洛阳桥

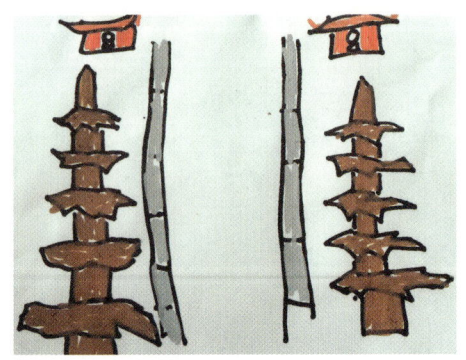

古厝　　　　　　　　　　　　　洛阳桥上的石塔、石亭

通过这次探险，小朋友们不仅了解了洛阳桥的神奇之处，还感受到了古代人们的智慧和匠心。他们纷纷表示，长大了也要成为像古人一样厉害的建筑师，建造更多美丽坚固的桥梁！

3. 洛阳桥的故事

小朋友们对洛阳桥的兴趣与日俱增，彤彤的洛阳桥海蛎兵的故事深受小朋友们的喜爱。小朋友们还提出对洛阳桥的传说、蔡襄的故事进行播报的建议，让更多的小朋友了解并喜欢上洛阳桥。

演一演洛阳桥的故事

讲一讲洛阳桥的故事

> **✿ 教师思考**
>
> 《指南》中指出，要充分利用自然环境和社区的教育资源，扩展幼儿的生活和学习空间。洛阳桥坐落于泉州洛阳江水道之上，是幼儿周围生活中的景物。在分享交流中，幼儿对洛阳桥充满了好奇。因此，我们追随孩子的兴趣点，支持他们的想法，同时鼓励家长带着幼儿前往洛阳桥。在亲子活动中，通过观察、调查和记录，幼儿不仅对洛阳桥有了更深入的了解，还锻炼了他们的观察力和记录能力。
>
> 在分享交流环节，幼儿积极发言，表达自己对洛阳桥的看法和感受，进一步提升了语言表达能力。此外，我还发现幼儿对洛阳桥产生了更多的想法和创意，他们想要通过绘画等方式记录自己的所见所感。为了回应幼儿的需求，我将进一步挖掘洛阳桥的教育价值，为幼儿提供更丰富、更具针对性的学习体验，让他们在探索中成长，在创作中表达。

（二）创桥之乐

1. 身体变成洛阳桥

"你们知道身体也能搭出桥来吗？"在老师的巧妙引导下，小朋友们怀着好奇的心情开始尝试用身体的各个部位搭建桥梁。

可可兴奋地伸直了手臂，自信地说："看，我把手臂变成了桥。"

轩轩也不甘示弱，蹲下身子，将腿弯曲成拱形，自豪地说："我用腿搭成了拱桥。"

土豆和童童更是默契十足，他们手拉手，肩并肩，一同构筑起一座宏伟的"大桥"。

"真是聪明的孩子！你们不仅能用自己的身体搭桥，还能和伙伴一起合作，真是太棒了！"老师赞赏地说。

在老师的鼓励下，小朋友们继续发挥创意。有的小朋友坐在地上，手脚并用，支撑起一座稳固的桥；有的则弓起身子，像极了一座优雅的拱桥。

小雨看着大家搭的桥，突然灵机一动，说："我们搭的桥都没有洛阳桥那种尖尖的船形桥墩。"

思思点头附和道："是啊，洛阳桥那么长，我们的桥还太小。"

小凯眼睛一亮，提议："要不我们去找些尖尖船形的东西来装饰吧。"

双手双脚撑地变成桥　　　　　　脚对脚、手拉手变成桥

萱萱却有些失落地说："可是我们班级里并没有这样的材料啊。"

佳佳则乐观地说："没关系，我们可以用笔画出洛阳桥的样子。我擅长画那种船形的桥墩。"

在小朋友们的思考和合作中，一座座充满童趣的"身体洛阳桥"便产生了。

2. 我画洛阳桥

在对洛阳桥有了深入的了解和欣赏之后，小朋友们的热情被点燃了。他们渴望用自己的双手和画笔，将洛阳桥那独特的美一一呈现出来。于是，一场别开生面的"我画洛阳桥"活动开始了。

可可拿起画笔，眉头紧锁，似乎在思考如何下笔。他转头问轩轩："你觉得我应该从哪里开始画呢？"

轩轩正专注地勾画着桥墩的轮廓，头也不抬地说："我觉得可以先画桥墩，因为它们是桥的基础。"

可可和佳佳则选择了合作。他们围在一起讨论："我们画一座大桥吧，像洛阳桥那样雄伟壮观。"

"好啊，我来画桥面，你来画桥栏。"

小朋友们在创作中互相交流、互相帮助，他们的画作也逐渐展现出各自的特色和风格。有的画面上桥墩高耸入云，有的桥面上车水马龙，有的桥边绿树成荫。每一幅画都充满了小朋友们的创意和想象力。

绘画洛阳桥

✱教师思考

《纲要》中指出：应该支持幼儿富有个性和创造性的表达。教师应该成为幼儿的支持者、合作者和引导者。作为教师，我们需要及时捕捉点滴的教育契机，追随幼儿的脚步，走进他们的世界。在这次活动中，幼儿大胆尝试用肢体动作来表现桥的特征。他们充分发挥想象力，用各种姿势和动作来模仿桥的形态，并用绘画来呈现洛阳桥的美。

这个活动的过程让我深感欣慰。幼儿不仅学会了思考，还懂得了用自己的方式来表达想法。作为教师，我们需要继续关注和支持幼儿富有创造性和个性的表达，为他们提供更多的机会和平台，让他们能够自由地发挥想象力和创造力。

（三）建桥之智

1. 纸张建桥

随着课程的深入，小朋友们的热情愈发高涨，迫不及待地想要将自己的所见所闻通过造桥行动展现出来！

我问："你们打算用什么作为桥面材料呢？"

乐乐兴奋地说："我想用图书做桥面，这样桥面既宽又平，稳定性也好。"

可可则有自己的想法，说："我觉得大花片不错，当桥面肯定很棒。"

小雨则提议："泥工板硬硬的、宽宽的，很适合当桥面。"

这时，佳佳跑到美工区，拿起一张白纸说："我要用这个做桥面。"佳佳的话一出口，立刻引起了大家的议论。

轩轩有些怀疑地说："白纸那么薄，怎么可能承受得了桥面的重量呢？稍微放点东西就会倒塌吧。"

一场关于纸张是否能建桥的辩论会就这样展开了。为了激发小朋友们的探究欲望，我们决定通过投票的方式来收集大家的意见。小朋友们纷纷表达自己的看法，并积极进行实验，以验证自己的想法。

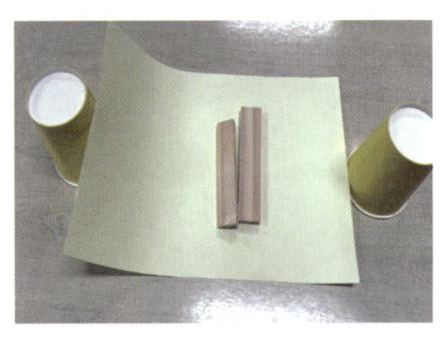

塌陷的"桥"

问题一：纸张能当桥面吗？

反方：我们用一张白纸进行了实验。把纸杯当作桥墩，结果正如一部分小朋友的想法一样，一张纸可以做桥面，但不具备承重能力，放一个稍重的物品，桥面就塌陷了。小朋友们发现，白纸做的桥不是一座实用的"桥"。

正方：另一部分小朋友不甘示弱，纷纷想上台证明自己的想法。他们一个个上台实验，大胆演示，展现出了强烈的求胜欲和探索欲。

实验1：琪琪自信地在两个杯子之间增加了一个杯子。她左边放个积木，右边放个积木，改造的纸桥成功了。

稳稳当当的纸"桥"

实验2：轩轩在白纸的两端增加了两个杯子，经过实验，这座纸桥也成功了。

成功的"桥"

实验3：轩轩将白纸多次折叠，经过实验，也成功了。

扇子形纸"桥"

疑惑方：

正正问："为什么在白纸做的桥面下放纸杯，一张白纸就能承受住方形小积木呢？"

可可问："为什么在桥面白纸上的两边放上两个纸杯，桥面也能承受住积木？"

洛洛问："为什么白纸折成波浪的样子就更加牢固了？"

随着部分小朋友的不断发问，一些小朋友积极地利用绘画的形式进行表征，向同伴解释其中的道理。

桥墩增加，间距变小，桥面更牢固了

上面的两个纸杯压住了白纸，使白纸不容易掉

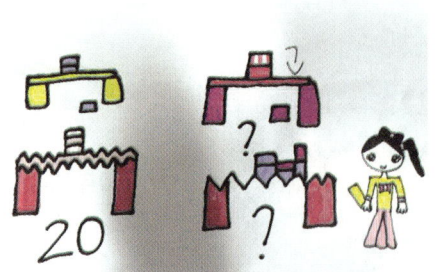

白纸变成了波浪形

桥墩间距小加上波浪形的纸，使桥面承重力变大

问题二：谁的桥更牢固？

"这些桥，谁最稳呢？"于是我们开展了"比比桥的承重力"的探索活动。

为了激发起小朋友的探究兴趣，我们让小朋友们利用统计表记录自己的发现。

通过实验，小朋友们得出结论：

要想桥的承重力变大，需要桥墩来支撑。桥墩越多，桥墩之间的距离越小，桥的承重力就越大。

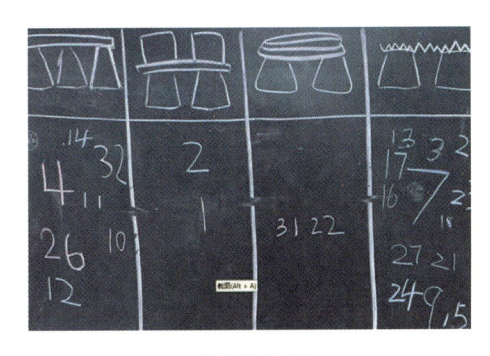

我们的猜想　　　　　　　　　　　　　我们的验证

> ✱ **教师思考**
>
> 《指南》中的科学领域提到，大班幼儿能通过观察、比较与分析，发现并描述不同种类物体的特征或某个事物前后的变化。他们联系自己的已有经验，解释这些变化的原因，并愿意与同伴分享自己的想法。
>
> 先猜想后讨论纸桥承重的实验方法，用积木验证桥的坚固性，在这些实验过程中，幼儿亲历探索发现的过程，验证自己的假设，并将实验结果记录下来。在实验中，幼儿还发现影响波浪桥承重的因素有很多，如折叠的平整度、波浪数、桥墩的间距等。在探究的过程中，幼儿体会到了搭桥的无穷乐趣，无形中加深了对桥的形状会影响承重的认知。

2. 木建洛阳桥

小朋友们了解了那么多关于桥的知识，迫不及待地想要创造自己的洛阳桥了。他们一个个争当"造桥师"，结合自身已有的经验和前期对洛阳桥探索的知识，利用各种材料搭建自己心中的洛阳桥。

（1）初建洛阳桥

贝贝将长积木平铺在地板上，轩轩将方形积木横立垒高当桥的栏杆。可可说："洛阳桥有船型桥墩。"于是，他们在桥的一边摆放了一排积木，三人很快搭成一座洛阳桥。

佳佳看了看说："你们搭建的洛阳桥没有桥洞，海水流不进去。"

说完，她也加入了洛阳桥的建构。只见他们搬来红砖材料，把红砖垒高变成一个个的桥墩。佳佳拿了长木板架在桥墩上，很快一座可以流水的洛阳桥完成了。

贝贝不服气地说："船型桥墩呢？你们忘记洛阳桥是船型桥墩的吗？"

佳佳马上答道："是尖尖的，我来想办法。"

轩轩说："我们把砖立起来就可以了。"

佳佳反应快，说："我来试试。"

只见她把两块砖立起来，将短的边靠在一起，一个尖尖的船型桥墩就出现了。贝贝想在桥面建栏杆，可当两侧栏杆一放到桥面上，问题马上出现了——这么窄的桥面，人怎么过得去？小朋友们遇到了难题，洛阳桥一期工程暂时搁浅了。

搭建洛阳桥

> **✳ 教师思考**
>
> 初次搭建，幼儿非常兴奋。他们积极参与游戏，主动提问、提出意见，但在游戏中大部分幼儿选择自己比较熟悉的碳化积木、建筑大师积木进行建构，选择的材料比较单一。在游戏中，幼儿能初步运用铺平、垒高、围合等技能建构洛阳桥，能关注到洛阳桥船型桥墩的特点，并尝试用架空的方式代替平铺和垒高，即用积木垒高桥墩、选择长条积木进行架空搭建桥身。他们还能想出用两块长方形砖简单围封的方式建构船型桥墩，体现了幼儿游戏的主动性及解决问题的初步意识，同时说明他们具有初步的数、量、形、空间对称等概念。刚升入大班的幼儿观察能力不够全面，对洛阳桥的建筑结构特点掌握得还不够准确，运用架空、延长、平式连接等建构技能拓宽桥面、进行桥梁建造的能力仍不足。

(2) 洛阳桥大变身

变身1：从窄的桥变宽的桥

这天，佳佳拿出自己绘制的建构计划图，和贝贝、可可等小朋友组成了一组，共同解决桥面太窄的问题。

佳佳说："我们可以用两块长条积木铺桥身。"

"桥墩太小了，得先把桥墩加宽。"贝贝提出自己的建议。可可用力点点头，说："桥墩变大，桥就变宽了。"大家分工合作，很快，比第一次宽一倍的洛阳桥就搭建好了。

"还是太窄了。"佳佳不满意地说，"那我们用三块积木吧。"贝贝准备按照刚才的方法继续加宽桥墩和桥面，一旁的乐乐指了指柜子上的纸箱说："我们可以换大一点的桥墩。"

老师点点头，赞许道："这个主意好，你们可以试试，看能不能找到更好用的材料。"

贝贝找来中型纸砖，轩轩拿出长木棍，佳佳把柜子上的大纸砖都搬了下来。他们将这三种材料对比了一下，最终选择大纸砖。佳佳把大纸砖有间距地立起来。为了增加桥墩的稳固性，他们还在纸砖上面叠放了积木。小雨拿着长木板在两个桥墩之间比了比,说:"放不了,离太远了。"说着蹲下来挪动一边的桥墩,佳佳看了也过来帮忙,两个人挪了一会儿,长木板就成功架在了两个桥墩的中间。

绘制建构计划图

有点窄的桥

更换材料,加宽桥面

宽宽的桥

他们还精心地选择了小一点的木质卡扣积木当栏杆。"快看,我们建了一座宽宽的洛阳桥!"几个小伙伴欢呼雀跃着。

❋教师思考

1. 这一次小朋友们选出小队长,再次开始了搭建行动。幼儿逐步形成合作意识,从分享计划到选择材料,有语言交流,有矛盾碰撞,也有共同想办法解决问题,搭建欲望越来越强烈。

2. 幼儿搭建洛阳桥有了明确的思路,能快速迁移同伴的方法,准

> 确搭建桥墩。对于建构中出现的"大纸砖容易倒"的问题，他们找到了倒塌的原因，即最底层的纸砖支撑不稳，需用累加积木的方式来解决；对于建构中出现的"两个桥墩之间的距离不一样"的问题，他们尝试沟通、相互学习，成功解决了游戏中桥墩距离的问题，充分体现出幼儿自主解决问题、坚持探究的良好品质。
>
> 3. 为了扩大桥面宽度，幼儿放弃原已探索出来的"平铺加宽"经验，在教师的鼓励下自主寻找更合适的建构材料。可见幼儿对自己感兴趣的活动是有能力做决定并解决问题的，教师的放手也能增强幼儿的自信心，为游戏的后续发展做好铺垫。甚至在游戏分享环节，他们还一边做计划一边商量怎样搭建"人可以行走"的洛阳桥。

变身2：从只能看的桥到可以行走的桥

搭建一座可以行走的洛阳桥的想法得到了小朋友们的一致认可。游戏开始了，佳佳先将三块纸砖摆放成一排，排出桥墩。贝贝一下子搬来几块长木板，准备搭桥面。

佳佳连忙说："别急，我们把桥墩之间的距离都量好，量好之后再开始叠高。"

只见佳佳将一块长木板围封在两个桥墩之间，并调整好桥墩之间的距离。他们固定好地基后，贝贝呼唤同伴一起搬长木板。她指着木板说："上次我们用的长木板有16块，这次需要更多，大家一起来帮忙。"

老师问："你们数过这次需要几块一样长的木板吗？"

"嗯……"

"不知道啊。"

小朋友们一下都没反应过来。佳佳在第一和第二个桥墩上铺满长木板，兴奋地说："我知道，要8块。"

可可说："不对，还要很多个8块。"

轩轩也兴奋地说："我们一次搬8块长木板。"……洛阳桥终于搭建好了，小朋友们兴奋地告诉我，搭建洛阳桥居然用了56块长积木。他们还小心翼翼地走上桥，顺利实现在幼儿园建一座能走的洛阳桥的愿望。

测量桥墩的间距

我们的作品

能行走的"桥"

❋ 教师思考

　　实际操作、亲身经验让幼儿的建桥经验更丰富了。在此次活动中，面对同伴提出的问题，辰辰主动寻找材料并大胆尝试解决问题，和小明合作搬了很多纸箱，可是纸箱数量多少，他没有概念，只是用已有经验来估测。当同伴告诉他数量后，他能主动去证实，表现出了积极主动、自主学习的学习品质。在游戏过程中，通过纸箱的数量、桥墩的高低以及护栏的规律性排列，幼儿能更直观、自然地获得数学概念和经验。在一次又一次的实践中，幼儿通过合作、沟通、尝试、相互学习等方式，成功解决了遇到的问题，自主解决问题的能力得到进一步提升。同时，幼儿积累了对材料特性和桥梁结构的科学认知，激发了对多种材料和工具的使用和探索意识。洛阳桥建构完成，幼儿还尝试走上桥面，对桥体结构的稳定性进行验证，收获了满满的成就感。

变身3：从只有一座洛阳桥到洛阳桥主题公园

分组讨论时，小朋友们合作设计了洛阳桥主题公园建造图。可可说："洛阳桥有一个很高的大门。"

乐乐说："爸爸告诉我洛阳桥是石桥和浮桥两部分组成的，中间还有一座小房子。"

"对，旁边还有一座很漂亮的房子，我进去过。"

看来，小朋友们对建造洛阳桥公园都有自己的想法。

老师说："我们可以分组建造，最后组合成一个洛阳桥公园。"

小朋友们现场自由组队，分别负责洛阳桥、大门、房子、海水和围墙的建造。在队长的带领下，他们共同商讨所需的材料和人员的分工。他们还在自己负责的部分标上记号，分头寻找材料，开始建构。

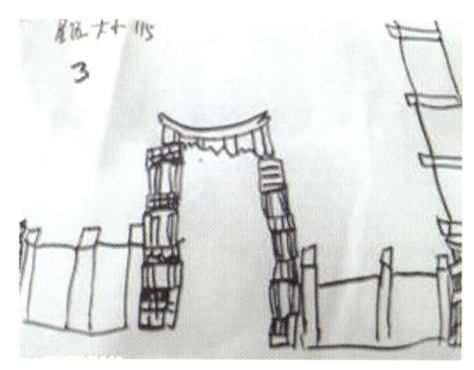

设计的大门

统计材料数量

我们设计的古厝

讨论需要的材料

主题公园

我们一起搭古厝

洛阳桥边上的人和船

自制红树林

❋**教师思考**

1. 幼儿能灵活运用延长、组合、架空等建构技能创造性地表现洛阳桥,并能巧妙地运用环境中一切可利用的材料建构船型桥墩、海浪等细节,把洛阳桥的建筑风格和气势生动地表现出来,不仅想象力和创造力得到了更高层次的发展,还锻炼了幼儿的手部精细动作及手眼协调的能力。

2. 在游戏中,幼儿能充分使用辅助材料,增强其造型的表现性,恰当地选择不同的建构材料,并通过集体计划的形式将平面布局图搭建为三维立体作品。

3. 幼儿能自主组团,有分工、合作的意识和行为,具有敏锐发现问题和合作解决问题的能力。队长在每一次的活动前都能与组员讨论材料和人员分工,并设计图纸。在过程中,幼儿学会了对各种材料进行分析、比较,有整合材料搭建桥的意识和行为,能观察出材料的基本特征并能根据材料的特征加以利用,还能运用现有工具测量,记录数量等,具有较强的推理、验证能力。

3. 沙上建桥

又到了小朋友们的沙水游戏时间。小朋友们用铲子挖河渠、灌水,很快便造出了一条条"河流"。

佳佳说:"我们在沙池建洛阳桥吧。"

小朋友们纷纷同意。贝贝用泥瓦积木和长积木来搭建,很快发现在泥沙上建桥很不平稳，桥一会儿就塌了。乐乐找来了圆柱形积木，发现太高了。可可找到放在一旁的塑料椅子。

佳佳说："泥瓦积木滑滑的，所以会滑落下来。"

一旁的彤彤说："上次我们用红砖建古厝时有用水泥把砖块固定住。"

"对，我们怎么没想到呢！"

可可接着说："我们用红砖来搭建下面的桥墩。"

"哈哈哈，种泥固基法。"佳佳幽默地说。

在笑声中，几个小朋友把水泥搬到沙池边，加水，搅拌，然后用搅拌好的水泥将两块红砖固定住。可可负责把桥墩一个个垒高。不久，沙上洛阳桥便建好了，小朋友们走上桥，内心充满了自豪感。

用水加泥固定砖块 　　　　　　加固桥墩

检验桥的牢固性 　　　　　　沙上桥完工

> **❋ 教师思考**
>
> 1. 在游戏的过程中，幼儿未考虑到沙子易变形的特性，导致第一次尝试搭桥失败。通过细致的比较和观察，他们找到"不平衡造成倒塌"的原因，并和同伴讨论后解决了问题，从而获得平衡的新经验。幼儿能将已有的经验进行迁移，采用泥土加固的方法，参照用红砖建造古厝的经验来建桥。
>
> 2. 幼儿在挖河道、建桥、灌水的快乐游戏中合作协商，在不断发现问题、解决问题的过程中慢慢积累了游戏经验。

三、小结与反思

幼儿是天生的探索家，探索是幼儿深度学习的重要手段。深度学习能够发展幼儿的思维水平，提升幼儿探索学习的能力。幼儿通过主题活动了解了家乡的洛阳桥，并且从兴趣出发，对洛阳桥进行了深度学习，开启了一段探桥之旅。

1. 提升建构技能，丰富身心认知发展的经验

洛阳桥由幼儿全程参与，亲手完成，极大地调动和激发了幼儿的学习积极性和主人翁意识。在游戏中，幼儿自主选择适宜的建构材料，应用垒高、组合、排列、架空、延长等建构技能创造性地搭建出洛阳桥，提升了建构技能。在操作材料建构洛阳桥的游戏中，获得身体大肌肉的协调、手的精细动作、手眼协调等方面的发展；在多次参观、研究洛阳桥的活动中，提升对空间、大小比例、形状质地等的认知能力；在计划、讨论、验证中，发展数量关系、排列、分类、对称、平衡等能力。

2. 增进协商合作，促进情绪情感发展

在游戏的过程中，幼儿既能坚持自己的想法又能尊重同伴的意见。不管是建构过程的默契配合，还是困惑时刻的出谋划策，都体现了幼儿较高水平的协商合作能力。这样的游戏，让幼儿深刻地体会到团队的力量，在愉快的游戏氛围中获得满足、自由和成就感。同时，在多次修建洛阳桥的过程中，幼儿能考虑到作品的平衡、稳定、功能、美观等因素，整个过程不仅体现了幼儿感知美、体验美和创造美的能力，还发展了他们的情绪情感，促进了美育的发展。

3. 增强探究意识，助力科学幼小衔接

从第一次建桥时完全没有桥墩的概念，到建构宽的桥、人可以行走的桥、有沙水的桥，幼儿在游戏中不断思考，发现问题，探究问题，解决问题，持续不断地获得新的经验，内化后的经验又被幼儿灵活运用于后续的问题中。他们喜欢挑战，富有想象力，始终专注于自己的建筑物，坚持洛阳桥的主题不变。即使遇到困难，也没有改变主题。只是不断修改、完善，每一次都有新的改进，最终成功建成洛阳桥公园，并将建构场地延伸到户外沙水区。整个过程幼儿表现出积极主动、认真专注、不怕困难、敢于探究与尝试的良好学习品质，助力科学幼小衔接。

在此次洛阳桥之旅中，幼儿的创新能力、解决问题能力以及与同伴交流、沟通能力都得到发展。幼儿之间的相互合作、坚持的社会交往品质都是在搭建中习得的。游戏经验是幼儿在不断发现问题、解决问题的过程中慢慢积累起来的。一次次的好奇、发问、探索、调查、讨论与反思，让幼儿进行有意义且综合性的深度学习，在真实情景中建构经验，从而提高了学习素养。团队合作、反思与自我调整、跨学科学习、基于真实情境解决实际问题等理念在本项目学习中逐步渗透并螺旋上升，促使幼儿获得了全面的成长。

（供稿者：泉州市丰泽机关幼儿园　刘安娜老师）

第六章
幼儿园"生活·文化"课程活动案例·协力育人

活动案例 7：老爸真"缘投"（小班）

一、活动缘起

在阳光灿烂的六月，我们迎来了一个特别的日子——父亲节。那一天，幼儿园的小朋友们纷纷聊起了他们心中的超级英雄——爸爸。

诗诗眨着眼说："我的爸爸总是很晚才回家，但他每次回来都会给我带小礼物哦！"

湉湉兴奋地跳起来："我最喜欢和爸爸一起玩了，他会教我好多有趣的东西！"

虹虹凑过来说："我奶奶说，我爸爸真'缘投'！"

老师好奇地问："哦？你知道'缘投'是什么意思吗？"

虹虹得意地回答："就是超级无敌帅的意思！"

听着小朋友们的对话，老师发现他们对爸爸的了解似乎还不够全面。于是，为了让小朋友们更深入地了解爸爸，感受他们认真负责、勇于担当等美好品质，我们决定开展一个特别的活动——"老爸真'缘投'"。在这个活动中，小朋友们将有机会更深入地了解自己的爸爸，增进亲子之间的感情，让爱如阳光般温暖每一个家庭。

二、活动过程

（一）"缘投"的爸爸

爸爸的模样

我们开展了关于"我的爸爸"谈话活动，引导幼儿回忆爸爸的模样。小朋友们纷纷谈论了起来："我的爸爸很高。""我的爸爸很瘦。""我的爸爸很胖。"……我反问道："很多小朋友都说自己的爸爸高高瘦瘦的，也有很多小朋友说自己的爸爸胖胖的，听起来大家的爸爸似乎有很多相似之处。那么，你们的爸爸有什么是和其他爸爸不一样的呢？请你们用画笔画下自己爸爸和别人爸爸最不一样的地方吧！"

潼潼：爸爸长着刺刺的胡子，每次跟我玩，都会刺到我。

芮芮：我的爸爸会戴着眼镜看书。

潼潼的爸爸 　　　　　芮芮的爸爸

小喆：我爸爸的鞋子很大，走路很快。

湉湉：我爸爸喜欢扮成猪和我玩，每次我都会跑开。

小喆的爸爸　　　　　　滔滔的爸爸

嘉嘉：我的爸爸耳朵很大，肚子也很大，胖胖的。
萱萱：我的爸爸总是笑嘻嘻的，我很喜欢。

嘉嘉的爸爸　　　　　　萱萱的爸爸

爸爸的喜好

在分享"爸爸的模样"的作品中，小雅的这幅作品引起了我的注意。她自信地介绍道："我的爸爸是警察，所以我给他画了警察帽。他喜欢给我买蜗牛，还有看电视。"小朋友们听着小雅的介绍，也说起自己爸爸喜欢做的事情……

小雅的爸爸

霏霏：我的爸爸在公安局上班，他喜欢工作。（幼儿作品注解：黑色的建筑表明爸爸从白天工作到了晚上）

涵涵：我爸爸喜欢晚上打麻将。（幼儿作品注解：凌乱的线条表示黑漆漆的夜，底下的小方块代表麻将）

喜欢上班 　　　　　　　　　　喜欢晚上打麻将

佳佳：我爸爸喜欢喝果汁。

芯芯：我爸爸爱画画。

喜欢喝果汁 　　　　　　　　　爱画画

睿睿：我的爸爸喜欢上班，还有吃披萨。（幼儿作品注解：三角形的房子代表爸爸上班的地方，小点点代表工作使用的键盘）

萱萱：我的爸爸爱睡懒觉。（幼儿作品注解：爸爸躺在床铺上，上面凌乱的线条表示爸爸盖的被子）

爱上班、吃披萨　　　　　　　　爱睡懒觉

❋ 教师思考

绘画作为展现幼儿内心和精神的一种表达，是具有生命和情感的。它向我们展示幼儿眼中的世界。在幼儿的心中，自己的爸爸是什么样子的呢？看到幼儿独特的笔触，听到童言稚语的讲述，幼儿心中的爸爸模样也逐渐清晰了起来：不仅有高矮胖瘦这样显性的特征，还有留着刺刺的胡子、穿着大大的鞋子、戴着眼镜看书、笑嘻嘻的脸这样具体而独特的外在特征，更有扮小猪、爱画画、睡懒觉、喝果汁、爱散步、爱上班这样的行为描述……

以绘画表征为媒介，不仅真实、生动，还承载着幼儿的心声。当我们轻轻俯下身，倾听幼儿的童言趣语，一个个"爸爸"的形象便活灵活现地展现在我们面前……

（二）"爱拼"的爸爸

厝外——爱拼才会赢

隔天，东东饶有兴致地跑过来跟我说："老师，我妈妈说我爸爸是一只猪。"

我疑惑地问："哦？为什么这么说呢？"

东东嬉笑着说："嘻嘻，因为我爸爸每天都喜欢睡懒觉。"

我打趣道："是这样啊，如果你爸爸是猪的话，那你就是小猪咯，哈哈。"

和小朋友的玩笑话,也让我深思:小朋友们究竟是否了解自己的爸爸每天都在忙些什么呢?

我问:"你们的爸爸每天都会做些什么事情呢?"

湉湉不满地说:"还不是和妈妈一样,每天都要上班!"

正正边回忆边说:"我的爸爸每天要上班或者出差吧。也许还有其他的事情,我也不知道……"

……

> ✿ **教师思考**
>
> 我们发现幼儿对自己的爸爸的认识仅仅局限于对其职业或一些零星事情的感知,如"我的爸爸很忙""爸爸喜欢睡觉"……爸爸们也确实忙于各自的工作,很少有意识地让幼儿了解自己。为此,我们和幼儿共同设计了一张关于爸爸的一天的调查表,帮助幼儿更好地了解爸爸每天都在忙些什么……

1. "爸爸的一天"调查表

"爸爸的一天"调查表

通过调查，小朋友们发现所有的爸爸几乎每天都要做的一件事情就是工作。那什么是工作？为什么要一直工作？爸爸的工作是什么呢？这些尚未解开的谜也留待小朋友们一起去讨论和探究……

2．聊一聊什么是工作

老师：你们知道什么是工作吗？

浩浩：工作就是爸爸上班赚钱，买玩具给我。

小豆：工作就是坐在办公室用电脑打字。

睿睿：工作就是劳动。

潼潼：每个人都有不一样的工作。

老师：人们为什么要工作呢？

贝贝：因为要买玩具送给宝宝。

小喆：给宝贝赚钱。

涵涵：要给宝贝买奶粉，买玩具。

霏霏：因为要买很多东西。

老师：如果让你来选择，你想做什么工作呢？

宁宁：我想教小朋友画画，因为小朋友不懂得画画。

萱萱：我想当老板，卖玩具。

嘉嘉：我想当画家，创作很多作品。

小凯：我喜欢唱歌，我想当音乐家。

诗诗：我要当芭蕾舞老师，因为我喜欢穿裙子跳舞。

老师：你知道爸爸的工作是什么吗？

佳佳：我的爸爸是老师，每天给学生上课。

恒恒：我爸爸是医生，给病人看病。

小豆：我爸爸是给别人发工资的。

城城：我爸爸的工作是用电脑。

老师：具体什么工作需要用电脑呢？

城城：我也不知道。

小朋友们纷纷说着自己爸爸的工作。在小朋友的言语之中，我们也了解到小朋友们对爸爸的工作了解得并不是特别全面。为此，我们和小朋友们又一同向家长们收集了一些爸爸工作中的照片，让小朋友们通过看图想一想、猜测说一说和宝贝揭秘等环节，深入地了解爸爸们的工作。

3. 猜一猜爸爸的工作

睿睿爸爸（右一）　　　　　　　　睿睿爸爸（右二）

小豆歪着脑袋，说："好像是一位老师，他拿着红旗。"
浠浠扑闪着眼睛说："我爸爸在医院工作，他也有拿这个红旗。"
涵涵手指着屏幕说："你们看，睿睿爸爸会去别人家里。"

宝贝揭秘 1

睿睿骄傲地介绍道："我爸爸是一名法官，常常帮助一些人解决问题，有时候会在办公室里打电话、看文件、想办法，有时候会到别人的家里了解情况。爸爸说，有人给他送锦旗，是因为他帮助了别人。"

小丰爸爸

恒恒：小丰的爸爸后面有黑板，他是一名老师。
正正：小丰的爸爸是教哥哥姐姐的，不是幼儿园老师。

萱萱：她的爸爸拿着话筒，像个主持人。

宝贝揭秘 2

小丰：我爸爸是中学的一名老师。他会给哥哥姐姐上课，还会当主持人组织学校活动。爸爸说要向哥哥姐姐学习，学好本领，锻炼身体。

思思爸爸

虹虹：思思的爸爸在讲台上，他也是一名老师吗？

小米：他在给小朋友上课呢，我也觉得是老师。

贝贝：思思爸爸和我爸爸的工作一样，都要用电脑。

宝贝揭秘 3

思思：我爸爸是一名法官，就是看看到底谁是坏人，做了什么坏事，需要接受什么样的惩罚。有时他还会去学校给哥哥姐姐们上课（法治宣传）。

潼潼爸爸

思思：潼潼爸爸的工作是用电脑。

宁宁：我爸爸的工作也是用电脑，我爸爸在银行上班。

湉湉：他在整理报纸。

宝贝揭秘 4

潼潼：我爸爸在邮政局上班，负责报刊订阅的工作。他会把报纸整理好后寄出去，让小朋友们、爸爸妈妈们都能看到报纸。

老师：那么，如果没有人工作，我们的生活会变成什么样呢？

萱萱：如果没有人工作，就没有清洁工人，我们的地球会变得很脏，地球会不开心。

小凯：我们会很穷，没有钱，就像乞丐一样。

城城：如果没有老师工作，我们就会放很长的假，会想念同伴的。

芯芯：我们会很无聊。

> **❋ 教师思考**
>
> 通过调查、话题交流、互动分享，幼儿明白了每个职业分工的不同。正是因为爸爸妈妈们的辛勤工作，社会才得以良好运转。经过交流，幼儿对每个职业的了解变得更加多元，也察觉到每一种工作除了是为美好生活而努力，成就着自己的梦想，也是在为社会中的其他人默默付出。俗话说："三分天注定，七分靠打拼，爱拼才会赢。"在闽南儿女们的心中，爸爸们都是爱拼敢赢、永不服输的形象。让我们向爸爸们学习，投入喜欢的工作中吧……

4. 学一学爸爸的工作

修车工　　　　　　　　　　　　修车工

小警官　　　　　　　　　　　建筑师

✿教师思考

游戏是幼儿最喜欢的学习形式，让幼儿在游戏情境中学习，可以让他们更好地理解学习的内容，帮助幼儿增加个人的经验。在幼儿园这个微缩的现实社会中，有效地整合幼儿生活的已有经验与认知水平，让他们在一日生活所创设的不同职业体验中亲身实践，身临其境地了解工作的意义，知道职业与工作场所的关系，感受每一种工作带来的不同体验。也正是在这样的体验中，幼儿更加理解爸爸工作的忙碌，从而学会感谢为了世界更美好而忙碌着的人。

盾内——勤劳有担当

1. 勤劳的双手

一天，班级准备吃午餐，小凯看到保育员端上来的咖喱饭，兴奋地说："我最喜欢吃咖喱饭了。我爸爸也会给我煮咖喱饭，很好吃的。"

果果随声附和道："我爸爸也会给我做饭，做大鸡腿。"

"我爸爸还会烤香肠。""我爸爸会做果汁。"……小朋友们七嘴八舌地说起了自己爸爸的厨艺。

小米在一旁静静地听着，不吱声。我笑着问："小米，你家里是谁做饭呀？"小米小声地说："都是我妈妈做饭，我爸爸负责洗碗。"

我赶紧称赞道："哇，你家里的家务分工很明确呢！爸爸能负责把碗清洗干净，也很棒呢！"

芮芮边分餐盘边抱怨着说："我爸爸每天都很晚才回家，他回来的时候我都睡着了。"

看着小朋友们讨论着爸爸在家所做的事情，我将当下衍生出的话题及时与家长们沟通，并鼓励爸爸们有意识地在孩子们还未休息的时候多参与家务活动，为孩子们做好榜样。

做晚餐 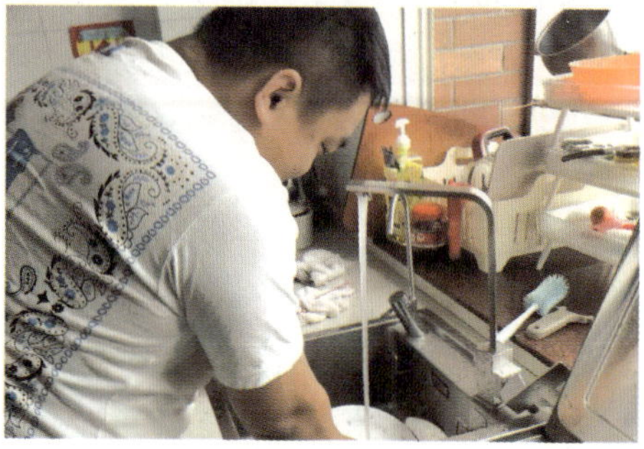　　　　　　　　　　洗碗

收拾整理 　　　　　　　　　拖地板

过了几天，在饮水环节，小喆不小心打翻了水杯，水洒了满地，芮芮当机立断拿来了海绵拖，我说："谢谢芮芮，我来拖吧。"芮芮摇了摇头，说："我会拖，爸爸教过我怎么拖。"说完，芮芮便拖起了地板。在集中环节，我表扬了芮芮的做法，并让芮芮分享跟爸爸学的家务本领。小朋友们也说起了爸爸教的本领："我爸爸教我洗碗。""我爸爸教我收玩具。""我爸爸教我擦桌子。"……

我夸奖道："哇，你们的爸爸都这么能干，都会做家务活，而且还教你们怎么做,为你们还有你们的爸爸点赞!你们能把自己的小家照顾得这么好,那幼儿园这个大家庭,你们又能做些什么呢?"

"我能分餐具。""我能擦矮柜。""我会扫地板。""我能擦椅子。"……

我借机说:"那我们这个大家庭就让你们来'当家'吧!"

帮助同伴拖地板

分发辅食

擦拭桌椅

擦拭图书架

❋**教师思考**

　　幼儿谈论起爸爸的厨艺时充满了自豪感。当小米为自己的爸爸不会做饭只会洗碗而感到惭愧时,我选择让幼儿们知道每个人都有自己的特长和优势,根据家庭成员的特长合理分配家务,让每个人都能发挥自己的长处也是不错的做法。家园配合是促进幼儿全面发展的重要手段，在芮芮埋怨的时候，心里的需求更多的是希望看到爸爸参与家务中。为此，我及时与家长们沟通，让家长们了解幼儿内心的想法。让爸爸参与家务当中，会让幼儿觉得做家务是一件自然而然的事情，从而在后续的家务打扫中，他们会自觉地加入进来，懂得照顾自己和家庭，乐于帮家里分担家务，从而增加幼儿的参与感，增强责任感。

从芮芮帮助小朋友拖地板的行为中，我们可以看到家园配合的重要性。幼儿通过学习、模仿爸爸做家务的做法，逐渐培养了责任感。幼儿打扫活动室的每个角落，擦拭每天都在使用的柜子、桌椅，协助保育员扫地、拖地，给同伴分发碗碟、准备点心……从小家到大家，从自我服务到为他人服务，幼儿从中感受到了责任带来的成就感和满足感。

在谈论爸爸的工作并感受爸爸的辛苦的同时，幼儿的情感体验中是否有一种精神力量在支持、引导着幼儿？爸爸内心坚毅、自信勇敢的品质，能否潜移默化地影响着幼儿的成长？我在图书架上投放相关书籍，期待幼儿能通过阅读，了解更加全面的父亲。

2. **爸爸的魔法时刻**

一次午饭过后，几个小朋友兴致勃勃地看着绘本《我的爸爸是英雄》。城城指着封面说："我也喜欢坐在爸爸的肩膀上，我爸爸力气很大。"芮芮双手叉着腰，骄傲地说："我爸爸经常和我玩'挑战者'游戏，我都不怕。"贝贝在一旁小声地说："我爸爸也像这个爸爸一样很会修理玩具。"……看着小朋友们对这本书如此感兴趣，我们共读了绘本《我的爸爸是英雄》，从中感受到了浓浓的父子情。在绘本中，爸爸是个万能修理工。爸爸的肩膀是最好的移动看台。爸爸还会经常和宝贝进行比赛，如赛跑、爬山、爬树等，给予宝贝温馨的陪伴的同时，还教会宝贝勇敢、坚强、独立等良好品质。

绘本《我的爸爸是英雄》 　　　　　　　　与幼儿共读绘本

小朋友们聆听完绘本也有了自己的感想。

东东：我经常和爸爸玩"顶头"游戏，爸爸很有力气，但是我也用力地顶回去。

宁宁：我爸爸周末会和我踢球，爸爸说摔倒了也要勇敢站起来。

和爸爸玩"顶头"游戏 　　　　　　　　　　和爸爸踢球

小豆：爸爸会带我去爬山，爸爸说爬山要坚持到底。

城城：我爸爸说要经常锻炼，才能把宝贝举得高高的。

和爸爸爬山　　　　　　　　　　　　和爸爸一起锻炼

从交流中，小朋友们似乎已经能感受到爸爸特别的爱和陪伴所赋予他们的勇气和力量。在区域时间美工区中，几个小朋友继续画着自己的爸爸。诗诗看到我走了过来，迫不及待地拿起自己的作品给我看："老师，你看，我的爸爸是一位很厉害的魔法师，他可以把坏的椅子变成好的椅子。"我回答："哇，你能感受到爸爸的神奇魔法，并且把它画了下来，爸爸知道了一定会很开心的。"或许是我的话激发了另外几个小朋友的灵感，不一会儿，他们纷纷向我介绍了"爸爸的魔法时刻"。

小凯说："我爸爸的魔法是可以轻轻松松地拿起很重的快递。"

诗诗爸爸　　　　　　　　　　　　小凯爸爸

贝贝说："我爸爸的魔法是可以用手把我举起来，举到半空中，我都可以摸到天花板了。"

虹虹说："我爸爸的魔法是会拿棍子把坏人吓跑。"

贝贝爸爸　　　　　　　　　　虹虹爸爸

❋ 教师思考

著名心理学家格尔迪说："父亲的出现是一种独特的存在，对培养孩子有一种特别的力量。"爸爸对孩子良好个性品质的形成具有极大的促进作用，是孩子良好个性品质的重要源泉。爸爸通常具有独立、自信、坚毅、勇敢、敢于冒险、勇于克服困难等个性特征。在与爸爸玩"顶头"游戏、踢球、爬山等活动中，幼儿不知不觉地学习、模仿。两个人同时参与游戏，建立平等的关系，孩子与爸爸的关系会变得更加亲密。孩子会把经验比较丰富的爸爸作为朋友，当作自己崇拜的偶像。常和爸爸接触玩耍的孩子往往会表现出更多的自信和坚强的意志等积极的人格特质，并且通常有着更高的生命热情。

（三）"爱踢淘"的爸爸

周末结束后，我和小朋友们一起交流周末的趣事。

小米兴奋地说："我跟爸爸去了开元寺，看到了东西塔。"

芯芯舔着小舌头，说："我爸爸带我去吃了花生汤。花生汤很甜。"

果果拿着手绳摆弄着，说："我和爸爸玩了编花绳。我们编了很多花样哦。"

我笑着说："听到大家的介绍，老师能够感受到你们特别喜欢和爸爸一起出去游玩。爸爸们带小朋友去看、去吃、去玩的项目都很有闽南特色。除了刚刚小朋友提到的这些活动，闽南还有很多好吃、好看、好玩的项目。让爸爸继续带着我们来了解吧。"

爸爸带我看泉州——"爱看"篇

小朋友们跟着爸爸走街串巷，亲近泉州，仿佛置身于一个历史的迷宫。三五步间，便能遇见一处文物古迹或一座名人故居。在各大博物馆中，通过爸爸的介绍，小朋友们能感受到默默坚守和传承着非遗技艺的传承者们手握笔墨，用心书写着非遗的传奇。

游东西塔 　　　　　　　　　参观海交馆

欣赏非遗馆里的惠安女服饰 　　欣赏刻纸花灯

爸爸带我吃泉州——"爱呷"篇

泉州的大街小巷云集着各种各样的小吃，吸引着小朋友们前往品尝。花生汤、海蛎煎、面线糊、炸醋肉……吃罢，令人回味无穷！种类繁多的小吃，不仅是一种美食，还是一种文化的象征。品尝美食是一种乐趣，和爸爸共享美食更是一种幸福！和爸爸一起走街串巷，吃吃喝喝，不仅能满足小朋友们的味蕾，还能增进亲子关系，感受到家的温暖。

吃元宵圆 　　　　　　　　　尝海蛎煎

品炸醋肉 　　　　　　　　　吃面线糊

爸爸带我玩泉州——"爱玩"篇

闽南童玩是闽南地区的幼儿游戏，具有内容丰富、玩法简单的特点，如老鹰捉小鸡、编花绳、纸飞机、跳皮筋……闽南童玩是爸爸们童年中最珍贵的回忆，也是幼儿非常喜爱的活动，在闽南文化中有着重要的意义。

就让闽南童玩带领着我们穿越时光吧。

205

老鹰捉小鸡 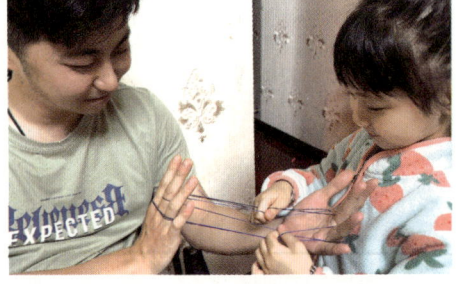　　　　　　　　　编花绳

玩纸飞机 　　　　　　　　　　跳皮筋

✻ 教师思考

在幼儿的谈论中，我们可以感受到爸爸对亲子陪伴的重视，能够充分利用周末时间陪伴幼儿。

有爸爸陪伴的幼儿更有安全感。因为爸爸在一个家庭当中占有主导地位，是一个家庭的顶梁柱，很有威严感。如果没有爸爸的陪伴，幼儿容易缺乏安全感，也容易产生自卑心理。失去自信心和安全感的幼儿在性格上很容易染上负面特征。因此，爸爸的重要性不言而喻。幼儿成长的道路上都必须有爸爸的陪伴，这不仅利于幼儿的个性、学习能力、人格的发展，而且能使亲子之间的关系更加亲密。

近几年来，我园以课题研究为抓手，致力于探索幼儿园闽南文化的传承与创新之路。在课程故事的推进中，我们通过开展班级亲子活动、家庭小分队等活动，鼓励家长走进班级、带着幼儿走街串巷，让幼儿全面地了解、理解家乡的文化，激发幼儿爱家乡的情感。在"爸爸带我看泉州""爸爸带我吃泉州""爸爸带我玩泉州"等系列活动中，充分地解放幼儿的手、眼、脑，让他们能够真正地走进本土文化中，体验泉州的魅力。每一次的活动，爸爸都是幼儿的陪伴者和引导者，帮助幼儿感受民俗民风的魅力，传承闽南人的智慧，在传承与创新闽南文化的旅途中，亲子共筑童心。

（四）我爱我的"缘投"老爸

父爱，或许沉默无言，但终究不会寂静无声、消失无痕。通过多元化的活动，小朋友们看到了爸爸工作的辛苦并感受着爸爸对自己的疼爱，一句"爸爸，我爱你"还不足以表达爱爸爸的情感。在父亲节来临之际，我们讨论如何更好地表达对爸爸的爱……

幼儿的心声

浠浠：我爸爸喜欢打篮球，我要给爸爸买个篮球，倒杯水给爸爸喝。

恒恒：对爸爸说一句甜甜的话。（幼儿作品注解：一颗糖表示甜甜的，小圈表示小嘴巴。）

篮球和水 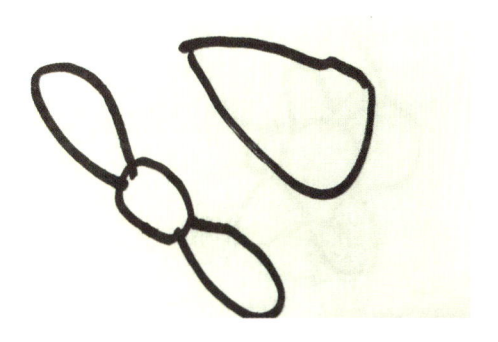　　　　　　　　　　甜甜的话

嘉嘉：我要给爸爸颁奖，送给爸爸一个奖牌。

果果：我最爱我的爸爸，我要给爸爸一个拥抱。

奖牌　　　　　　　　　　　　拥抱

特别的礼物

当我们讨论着、商量着"想为爸爸做些什么"时,彤彤却提出了她的看法……

彤彤扑闪着小眼睛说:"我爸爸希望我健康快乐地长大。"

我惊喜地问道:"那怎样才能让爸爸看到我们长大的样子呢?"

嘉嘉激动地站起来说:"乖乖吃饭可以长大。"

城城歪着小脑袋瓜说:"小手变能干也是长大。"

诗诗比画着动作说:"多运动也可以长大。"

让爸爸看见"我在长大",那么做好自己,这应该是让爸爸最开心的"礼物"啦!

小德:爸爸希望我乖乖吃苹果,因为苹果有营养。

湉湉:爸爸喜欢我自己会穿衣服、穿鞋子、绑辫子。

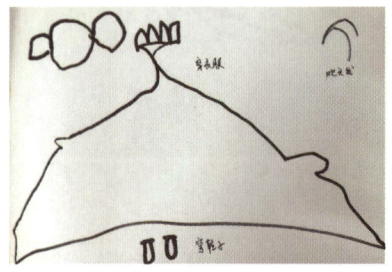

乖乖吃苹果　　　　　　　　穿衣服、穿鞋子、绑辫子

小雨:爸爸喜欢我乖乖吃饭,吃饭不挑食,吃饭可以长高。

小喆：我自己玩玩具，绑蝴蝶结，爸爸会很开心。

乖乖吃饭 　　　　　　　　　　自己玩玩具

霏霏：我多运动爸爸会很开心。
土豆：爸爸希望我多吃鱼。

多运动 　　　　　　　　　　　多吃鱼

嘉嘉：爸爸希望我乖乖上学，上学不哭不闹。
思思：我学会游泳了，爸爸就会很开心。

乖乖上学 　　　　　　　　　　学会游泳

爱爸爸，我们在行动

在父亲节前夕，小朋友们将我们讨论的形式付诸行动，让爸爸们在节日里感受到暖暖爱意。

对爸爸一个拥抱 　　　　　　　　送上超人爸爸奖牌

送上一份礼物  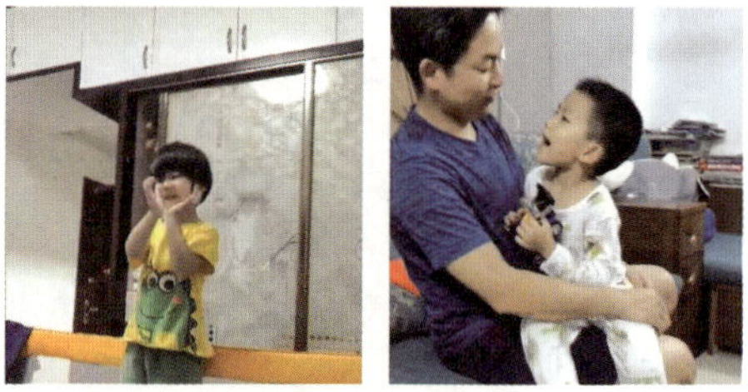　　　　　　　　　对爸爸说一句甜甜的话

端一杯水　捶捶背 　　　　　　　做好自己的事情

> **✿教师思考**
>
> 　　幼儿的情感是真挚而纯粹的,他们以自己独特而多样的方式来表达对爸爸的爱。他们能考虑到爸爸的需求,建立起主动为爸爸带来开心愉悦的"利他"行为。从一开始的送奖牌、送"小汽车"这样稚嫩的爱到关注爸爸的需要和期望,通过改变自己来表达对爸爸的爱,幼儿在"爱爸爸"这一亲社会行为上有了很大的变化。而这一变化的过程始终围绕着一个最基本的认知核心经验,即对爱的认识。看见幼儿主动关心爸爸,懂得成长的意义在于做好自己,我想这是幼儿送给爸爸的最珍贵的节日礼物。

三、小结与反思

　　如果说绘画是幼儿敞开心扉的一扇窗,那聆听一定是走进幼儿世界的一扇门。绘画作为幼儿的另一种语言,是幼儿内心世界的反映。当我以一名听众的身份侧身聆听时才发现,正是在他们看似"乱七八糟"的作品里,一个个独一无二的爸爸形象逐渐丰满了起来。绘画的语言远比口头语言来得丰富而真实。也是在他们涂鸦式的作品里,我们看到了幼儿对爸爸这一角色所夹杂着的不同情感,如"黑色的公安局""凌乱扭曲的黑夜""夸张的猪鼻子""嘴角弯弯的笑脸",既有对爸爸一天到晚忙碌的责怪,又有对爸爸陪伴时的喜爱。作为幼儿学习的支持者、合作者和引导者,我努力倾听他们的心声,尊重他们的想法,尝试着以他们的视角走进他们的生活,不断地与他们一起成长。这个过程是精彩且富有意义的。

　　持续的分享讨论是课程逐步推进的途径,而游戏体验就是幼儿感知学习的路径。在关于"'缘投'的爸爸""'爱拼'的爸爸"等一系列活动的分享和讨论中促使幼儿对"我爸爸"的探究持续保持着兴趣,而我们则将幼儿的一个个"另类"的声音作为活动生成的契机。看爸爸的工作照想想猜猜,再由宝贝揭秘,在这样交互式的游戏中,丰富幼儿对爸爸工作的多元认知;参与图书整理、卫生打扫、餐具分发,扮演修理工、宣讲员、小警官,在职业体验中感受为他人服务的意义，也学会尊重和体谅爸爸的工作。

在期末家长会的分享交流中，我们可喜地看到爸爸在课程实施过程中的教育观、儿童观发生了巨大的改变，在家务分担及"'爱踢淘'的爸爸"系列活动中，爸爸们能鼓励和指导幼儿尝试新的经验，促进幼儿良好的学习品质、行为习惯等核心素养的养成，让幼儿感受到闽南文化的魅力，萌发传播泉州传统文化的初心，促进幼儿健康全面发展。

在父亲节来临之际为爸爸制作一份礼物、每天坚持运动、乖乖吃饭，将自己爱爸爸的情感付诸行动。这种体验倡导的是个体的亲身经历，强调的是对事物的直接感知、积极参与和生活经验积累。本次系列活动给幼儿带来的不仅是当下获得的积极情感，更是指向未来自主自信的生活态度。我想正是因为它，让幼儿在兴趣的推动下主动交流，在游戏体验中主动学习。

（供稿者：泉州市丰泽机关幼儿园　陈培倩老师）

活动案例 8：拾味润饼（中班）

一、活动缘起

说起泉州的传统美食，润饼菜算得上是排头兵。在泉州的清明、除夕等传统节日里，家家户户大都备有润饼菜，润饼已然成为泉州人家族聚会的重要饮食。它不仅承载了一个地方的文化、情感，也饱含着泉州人的生活智慧。润饼要包入许多食材，因此一张晶莹剔透、软嫩筋道的饼皮便成了润饼的精髓。在一次美食分享会上，幼儿争相分享、品尝的润饼皮引发大家的关注和讨论，并由此演变成了一场润饼皮鉴赏会。

品尝润饼皮

昊昊：润饼皮很有筋道，还有点咸咸的，我最喜欢吃了。

墨墨：润饼皮薄薄的、香香的，吃起来很有嚼劲。

阿诚：我爸爸带我去西街买过润饼皮，每次我们都要排长队。因为买润饼皮的人太多了。

小霜：老师，我们可以自己做润饼皮吗？

小宝：这个主意真不错。可是润饼皮要怎么做呢？

> ✹教师思考
>
> 　　幼儿对润饼皮产生了浓厚的兴趣，但对于润饼皮的制作方法和制作材料却知之甚少。下一步，不妨借着这股浓厚的兴趣，鼓励他们回家调查制作润饼皮的相关资料。同时，在班级生活劳作区开展制作润饼皮的活动，满足他们的探索欲望和制作需求。

二、活动过程

（一）探究润饼皮

小朋友们从家里带来了面粉，开启了探究润饼皮之旅。在认识面粉的过程中，他们通过看、摸、闻等感官体验，了解面粉的特性：面粉是白色的，

213

摸起来是光滑的且又细又软，闻起来有一股淡淡的清香味。

摸一摸面粉 　　　　　　　　　　闻一闻面粉

1. 初识润饼皮

阿诚：我问奶奶，她说做润饼皮需要面粉、水和盐。

雯雯：我在爸爸的电脑上看到，有个老爷爷手上拿着面团在一个黑黑的机器上滚一下，润饼皮就好了。

萱萱：我妈妈说她用煎饼机做过润饼皮，把煎饼机放在面糊上，轻轻一压，就能做出润饼皮啦！

小宝：什么是面糊啊？

萱萱：面糊就是面粉加一点水搅拌成像面线糊一样稀稀的东西啊！

小朋友们通过观看传统工艺人制作润饼皮的视频，认识到润饼皮制作需要用到的食材主要有清水、面粉和食盐，初步了解了制作润饼皮的步骤：面粉加水—和面—摊面皮。

与妈妈观看润饼皮制作视频 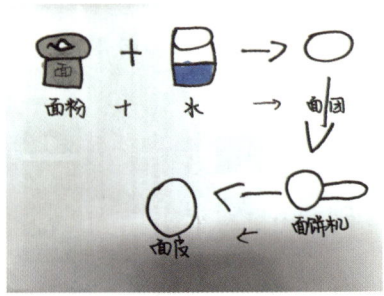　　　　以表征的方式记录制作步骤

✿**教师思考**

陶行知先生说过："全部课程都包括全部的生活，一切课程都是生活，一切生活都是课程。"对幼儿而言，教育与生活是一体的，一日生活中处处蕴藏着教育。闽南人餐桌上常见的润饼皮成了他们兴趣的焦点。在交流中，幼儿分享了自己探寻的答案，并将多种经验进行融合；在倾听同伴的发现中，也获得了新的经验。

2. 制作润饼皮

了解完润饼皮的制作过程之后，我们也动手试试制作润饼皮吧！

动手尝试制作润饼皮　　　　　　动手尝试制作润饼皮

第一次实验

结果：失败。

问题：润饼皮太薄了，不能成形。

原因：水加太多了。

第一次实验的面糊　　　　　　润饼皮破掉了

第二次实验

结果：失败。

问题：润饼皮太厚了，面粉结块了。

原因：水加太少了，面粉没有搅拌均匀。

第二次实验的面糊　　　　　　　润饼皮太厚了

第三次实验

结果：成功。

原因：面粉和水成糊状，搅拌均匀、捣碎颗粒。

第三次实验的面糊　　　　　　　润饼皮成功啦

经过不断实验，最终成功制作润饼皮。小朋友们以海报的方式，将实验失败的问题和原因记录下来，梳理获得的新经验。

海报记录、梳理新经验

✱ **教师思考**

面粉是一种可塑性较强、探索性较大的食材。中班幼儿喜欢自己动手操作，并且做一些能吃的东西。在探索面粉和水的配比过程中，他们掌握了和面的基本方法和技巧，知道水要一点一点加，不能加太多；知道和面时，要耐心，反复地搅拌均匀；当发现有粉状颗粒时，他们调整方法，用汤匙一端捣碎，使面糊更加细腻。在整个操作过程中，幼儿运用自己的已有经验，通过不断尝试和调整，获得新经验。

3. 制作配比表

当小朋友们沉浸在成功制作出润饼皮的喜悦当中时，一个新的问题又产生了。由于没有记清加了多少的水和面粉，他们每次都要反复地调整比例，花费了不少时间。

萱萱：每次都要调整水和面粉的比例，好麻烦呀！

璇璇：区域活动都要结束了，来不及做润饼皮了。

雯雯：那这样都吃不到润饼皮了。

老师：你们有什么好办法能快速解决面粉和水的配比问题吗？

璇璇：我们可以记录下用了几勺面粉和多少的水，这样就不用每次调整了。

我鼓励他们收集家中闲置的容器和勺子。通过挑选，最终选择了奶粉勺、量杯、罐子等，替换掉之前的操作工具。

把碗换成量杯　　　　　　　　把汤匙换成奶粉勺

把装面粉的袋子换成小罐子　　　　　记录工具的调整

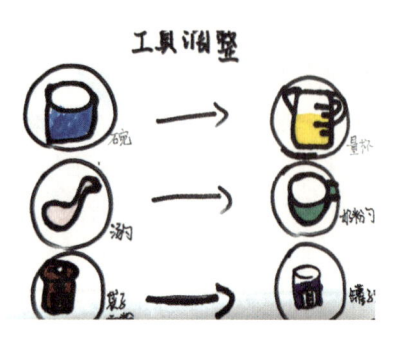

问题：如何科学地使用这些工具呢？

栋栋：我看到妈妈给弟弟泡奶粉的时候，都是一勺一勺地数。

雯雯：每一勺面粉都要刚刚好，不能太满也不能太少。

小樱：量杯上有数字，我们要记住水的位置。

小朋友们相互合作，有的负责调配比例，有的负责记录。

记录量杯水的刻度　　　　　　　　　记录面粉和水的配比

按照配比制作面糊、制作饼皮　　　　自制面粉和水配比表

实验结果：将 6 勺面粉加入 100 毫升的水中，充分搅拌均匀，可以成功制作润饼皮。

在接下来的一段时间里，小朋友们都会参照配比表制作润饼皮，大大地减少了调配比例的时间，终于能在区域活动时间内成功制作出润饼皮。他们开心地和同伴分享自己的劳动成果，享受着自制美食带来的成就感。

桐桐：润饼皮太好吃了，和外面买的味道不一样。

小宝：刚烤出来的润饼皮香香的，真好吃。

品尝自制润饼皮

> ✱ **教师思考**
>
> 《指南》中提出："鼓励幼儿尝试有一定难度的任务，并注意调整难度，让他感受经过努力获得的成就感。"在探索的过程中，幼儿遇到了一些问题，比如因为反复调配比例失去了耐心，想要放弃。教师适时介入，组织他们讨论，分析失败的原因，鼓励他们积极动脑想办法解决。幼儿寻找到合适的容器，能与同伴分工合作，记录实验结果，并分享成功的经验。

（二）润饼皮事件

事件 1：在一次区域活动中，小涵制作的润饼皮烧焦了。

桐桐：烧焦了。

说完，桐桐赶紧按掉开关。

小烨：小厨师忘记关掉电源了。

小涵：老师今天没提醒，我不知道什么时候关掉电源。

原来小朋友们不知道"制作润饼皮到底需要多长时间"，平时都是在老师的提醒下完成的。从安全的角度出发，我认为有必要和他们详细地探讨制作时长，避免不必要的安全事故。

润饼皮烧焦了

教师示范，幼儿观察

饼皮上没有白色粉状

冒白烟

除了图片所展示的办法（待饼皮上没有白色粉状，开始冒白烟时，便可关掉电源），计时器也是不错的选择。于是，我鼓励小朋友们回家寻找计时工具。

阿胜：我妈妈做饭的时候还会看时钟。

小可：我家里有一个小猪定时器。

小宝：我收玩具的时候，妈妈会用沙漏来计时。

第二天，小朋友们从家里收集了各种计时工具，有时钟、沙漏、玩具手表、定时器等。

时钟 　　　　　　　　　　沙漏

玩具手表 　　　　　　　　定时器

阿胜：怎么看时钟走了多久呀？我看不懂。

小可：用手表计时眼睛要一直盯着手表，很不方便。

阿诚：我总是调不好定时器。

小铭：我觉得可以用沙漏计时，等到细沙流完就好了。

在比对中，我们发现沙漏计时更合适、更便利。

辰辰：不是所有的沙漏时间都一样的。我家里就有1分钟、2分钟和5分钟的沙漏。到底用哪一个好呢？

小铭：都试试就知道了。

通过比对，小朋友们选择了1分钟的计时沙漏，当1分钟结束时，便关掉电源。

1分钟（刚刚好）　　　　　　2分钟（时间太长）

探究结果：白色粉状消失，煎饼机冒白烟，1分钟沙漏里的细沙流完，润饼皮就制作好了。

> ❋**教师思考**
>
> 　　幼儿对制作润饼皮需要多长时间，是模糊不清的。教师通过操作演示，引导幼儿观察润饼皮发生的变化。同时，鼓励幼儿寻找生活中常见的计时工具，让他们感知时间的概念，在实际操作中掌握多种观察与探究的方法。我惊喜地发现，热心的幼儿还会提醒小厨师注意时间。这样，润饼皮烧焦的问题就解决了。

事件2：在一次制作润饼皮时，小睿的手被烤盘烫到了。

老师：小厨师使用煎饼机要注意哪些安全问题呢？

小霜：要把手放在煎饼机的手柄上，不能离烤盘太近。

阿诚：红灯亮，不能在这里打闹，因为很危险。

小歆：做一个禁止靠近的警示牌。

阿胜：我们要把这些安全标志都画出来。

画安全标志警示牌

画注意危险标识

他们还把安全标志牌系在润饼机的手柄上，提醒小厨师制作润饼时要注意安全。

将制作的安全标识挂在煎饼机上

✿教师思考

中班幼儿辨别能力弱,不能很好地辨识身边的危险。操作中,他们会使用到电器,那么掌握电器的使用方法显得尤为重要。教师通过引导幼儿探讨安全事项、支持幼儿动手绘画安全标识等活动,不仅提高了他们对周围环境的关注度,也培养他们的安全意识,学会更好地保护自己。

(三)创意润饼皮

在一次谈话中,小朋友们提出想制作不同口味的润饼皮。

恩恩:我最喜欢巧克力,我想吃巧克力味的润饼皮。

阿胜:鸡蛋有营养,我想吃鸡蛋口味的润饼皮。

他们把自己想吃的口味画了出来。通过统计,得出票数最多的是巧克力口味,其次是苹果口味。跟随他们的兴趣,我们开启了创意润饼皮制作之旅。

手绘喜欢的口味　　　　　　　　投票选出喜欢的口味

1. 巧克力味润饼皮

我们联系到恩恩妈妈(蛋糕师),她为我们带来了制作巧克力味润饼皮的原材料。

楷楷:这黑黑的是什么呀?

恩恩:这是可可粉,可以用来做巧克力味的润饼皮。

楷楷：听上去好神奇，赶紧试试看。

第一次尝试制作巧克力味润饼皮，小朋友们都非常期待。

恩恩往面粉里倒入了 2 勺的可可粉，很快润饼皮就制作成功了。恩恩迫不及待地和小朋友们分享。

可可粉　　　　　　　　　　　制作巧克力味面糊

巧克力味润饼皮制作成功

品尝巧克力味润饼皮

当她满怀期待地等着小朋友给出好评时，得到的评价却是这样的……

桐桐：这个润饼皮太苦了，太难吃了。

恩恩：巧克力本来就是苦的。

小可：我也觉得太苦了。我吃的巧克力蛋糕虽然有点苦，但也有点甜。

楷楷：怎么黑乎乎的，看起来很可怕，我才不要吃。

从大家的点评中，可以看出恩恩制作的巧克力味润饼皮并不受小朋友们的欢迎，她显得有些失落。我鼓励恩恩回家后咨询下妈妈，并让妈妈带她到烘焙室参观实践下。

恩恩到烘焙室再次实验

第二天，恩恩再次尝试制作巧克力味润饼皮。

往面粉中加入可可粉　　　　　　搅拌

恩恩：我看到蛋糕师在做蛋糕时，只加了一点点可可粉。因为可可粉味道很苦，所以在做巧克力味蛋糕时，可以加入一些白糖。这样巧克力味蛋糕就会甜甜的。

恩恩按照蛋糕师的做法，往面粉中加入少许可可粉的同时，加入一些白糖，再按照配比加入水，搅拌均匀，成功制作出了巧克力味润饼皮。

当她再次与小朋友们分享时，大家都对她新做的巧克力味润饼皮赞不绝口。

巧克力味润饼皮成功

实验结果：往6勺面粉中加入少许的可可粉，再加入100毫升的水，搅拌均匀，就成功制作出巧克力味润饼皮。（要想巧克力味润饼皮口感更好，需要加一点白糖）

小朋友还将巧克力味润饼皮配比表用绘画的形式记录了下来。

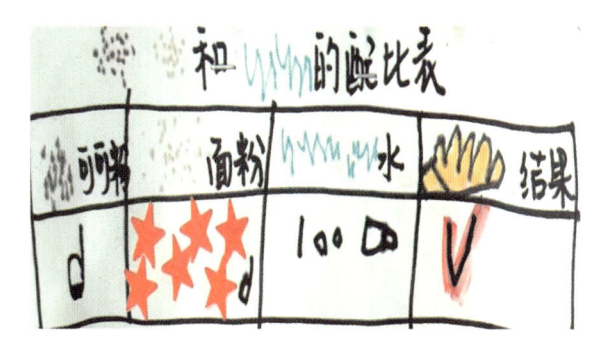

巧克力味润饼皮配比表

2. 苹果味润饼皮

小朋友们穿上厨师服，将苹果洗净、去皮、切块、榨汁，为做苹果味润饼皮做准备。

问题1：苹果切太大块，榨汁机无法启动。

方法：将苹果切成小块。

将苹果切块放入榨汁机中 　　　　　　　榨汁机无法转动

将苹果切成小块 　　　　　　　　　　　苹果汁榨成功

问题2：苹果榨汁后，快速变色。
方法：苹果汁不能放太久。

苹果榨汁后，变色了 　　　　　　　幼儿表征（苹果汁不能放太久）

实验结果：将 3 勺面粉加入 100 毫升的苹果汁中，充分搅拌均匀，可以成功制作苹果味润饼皮。

画的面粉和苹果汁配比表

不仅如此，小朋友们还尝试了橙子味和鸡蛋味的润饼皮。虽然在这过程中总会有一些意想不到的问题出现，但聪明能干的小朋友总能找到方法。

制作橙子味润饼皮　　　　　　　　橙子味润饼皮

制作鸡蛋味润饼皮　　　　　　　　鸡蛋味润饼皮

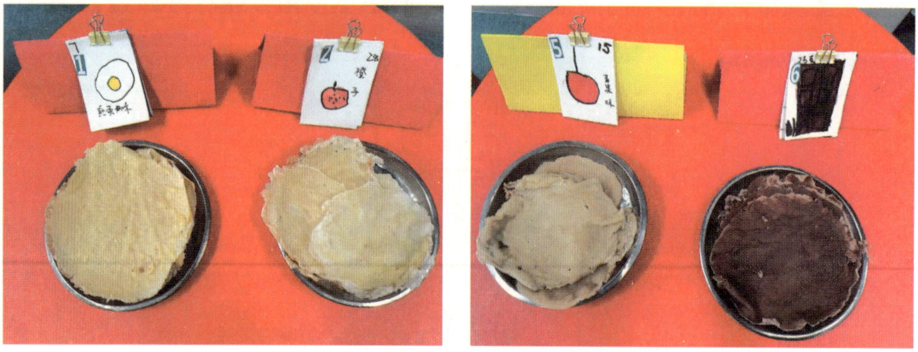

四种创意润饼皮

✲教师思考

每一种新口味的尝试对幼儿来说都充满了新鲜感和挑战性。虽然过程并不是那么顺利，但没有什么困难可以阻挡他们探索的脚步。在失败后，他们能借助外界的力量寻求帮助，最终获得成功。在此过程中，他们表现出了坚持不懈、敢于探究等良好的学习品质。

（四）美味的润饼馅料

口感丰富的润饼皮一定少不了美味的馅料。闽南的润饼馅料没有固定的搭配，可以按照个人口味随意加料。小朋友们想吃什么馅料呢？一起去看看吧！

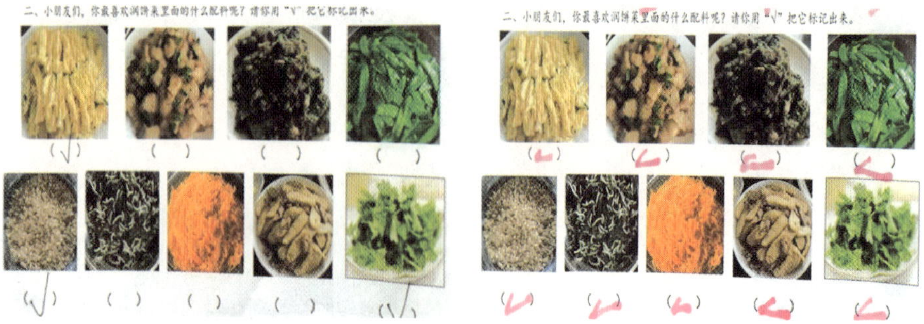

调查润饼菜可加的配料

通过一张统计表,了解他们心中喜欢的美食吧!

第1名:胡萝卜,31名幼儿投票,占94%。

第2名:豌豆,27名幼儿投票,占77%。

第3名:炒蛋,25名幼儿投票,占71%。

……

为满足大部分小朋友的需求,要从他们最喜欢的美食开始做起!小朋友们在家人的陪同下购买食材,在教师的协助下烹饪食材,在同伴的赞美中分享美食,享受着制作美食带来的身心愉悦感。

小朋友们在劳作区烹饪出他们喜欢的润饼馅料。

投票选出喜欢的配料

炒胡萝卜

炒豌豆

炒鸡蛋

花生碎

卷润饼

品润饼

（五）润饼馈赠亲友

美食要分享给谁呢？小朋友们的心里已经有了答案。他们在便签上画满祝福，精心打包，将美食赠送给最爱的人。美食送给谁？听听他们是怎样说的。

恩恩：巧克力味润饼菜送妈妈，因为妈妈最爱巧克力。

小铭：润饼菜送给郑老师，因为我去郑老师班上课时，她总是夸奖我，还送我礼物。

璇璇：美食送给哥哥，因为哥哥很关心我。

小霜：美食送给奶奶，因为奶奶年纪大了，需要补充营养。

小朋友的情感是真挚的。小小的一份美食看似不起眼，却是小朋友们学会表达爱的一种方式。

精心打包

画出满满的祝福

打包装袋

润饼菜送妈妈

润饼菜送老师

润饼菜送奶奶　　　　　　　　　　　润饼菜送哥哥

本次活动结束后，我们收到了家长们的反馈和感谢。

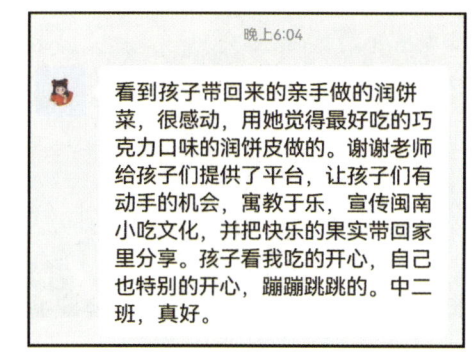

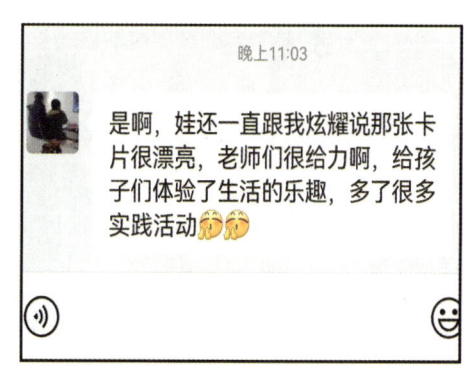

> 晚上6:04
> 看到孩子带回来的亲手做的润饼菜，很感动，用她觉得最好吃的巧克力口味的润饼皮做的。谢谢老师给孩子们提供了平台，让孩子们有动手的机会，寓教于乐，宣传闽南小吃文化，并把快乐的果实带回家里分享。孩子看我吃的开心，自己也特别的开心，蹦蹦跳跳的。中二班，真好。

> 晚上11:03
> 是啊，娃还一直跟我炫耀说那张卡片很漂亮，老师们很给力啊，给孩子们体验了生活的乐趣，多了很多实践活动😄😄

家长们的反馈

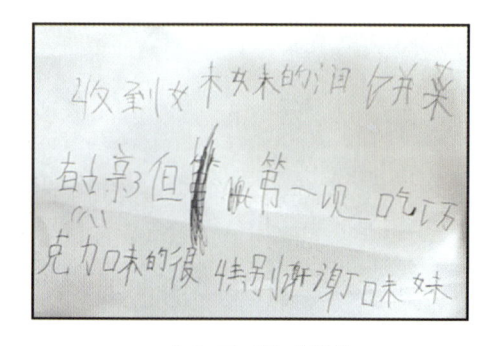

一年级哥哥的感谢信

三、小结与反思

对于幼儿来说，好奇是习得经验、促进发展关键的一步，是激发探索欲、发展探索能力、促进学习的核心。回顾和幼儿一起走过的"润饼"探究旅程，幼儿从润饼皮品鉴开始，到一次次实验润饼皮制作方法，从确定润饼皮制作时长到筛选计时工具，从注意电器使用的安全事项再到一次次尝试创新润饼皮的口味，他们始终追随着自己的兴趣。在观察、分享、操作、品尝的过程中，他们获得了多感官的刺激与体验。同时，在探索、尝试、查找、发现和表达的过程中，他们学会了反思、讨论、调整、再行动，实现了经验的不断重整，从一张小小的润饼皮里获取了生活的智慧。

（供稿者：泉州市丰泽机关幼儿园　康丽香老师）

活动案例9："番"乐"薯"于你（大班）

一、活动缘起

在"各种各样的红薯"科学活动中，小朋友们带来了常见的番薯进行观察、比较。活动后，他们挑了几个不同种类的番薯留着用于水培、土培、沙培的育苗。可剩余的一筐番薯，却让小朋友们犯愁了，剩下的这些番薯要怎么处理啊？

琪琪：每个小朋友带一点回家呗。

剩余的一筐番薯

彬彬：阅读区里有本书叫《食物的秘密——500岁的中国红薯》，说番薯收成后可以储藏起来。

绘本《食物的秘密》

> ✿ 教师思考
>
> 　　生活中到处蕴含着教育契机，也常常带给我们惊喜。种植区的经验准备，不仅丰富了幼儿对番薯种类、特点、培育方法的认识，也引发了幼儿的藏薯兴趣。那么，怎样藏番薯？用什么藏呢？带着好奇的心，一场藏薯之旅开启了。

二、活动过程

（一）藏住薯味

1. 为什么要将番薯储藏起来

桐桐：藏起来才不会坏掉。我奶奶说不能浪费食物。

霖霖：藏起来才不会被小老鼠偷吃。

忻忻：把食物储藏起来，到了没东西吃的时候再拿出来，就不怕饿肚子了。

把自己对食物储藏的理解画下来

2. 怎么储藏番薯

小琛：可以把番薯埋在土里，因为它本来就是长在土壤里面的，土壤就是它的家。

小宇：可以像奶奶一样把番薯藏在盒子、箱子里。奶奶告诉我要让红薯保持干燥，不然容易发芽，味道就会变得不好。

桐桐：妈妈说，要放在有阳光的地方。

洋洋：我和爸爸上网搜索，我看到惠安女把番薯切成一片片，然后晒干。

老师：原来番薯不仅可以整果晒干储存，还可以切片晒干储存。

把番薯埋在土里，那里就是它的家

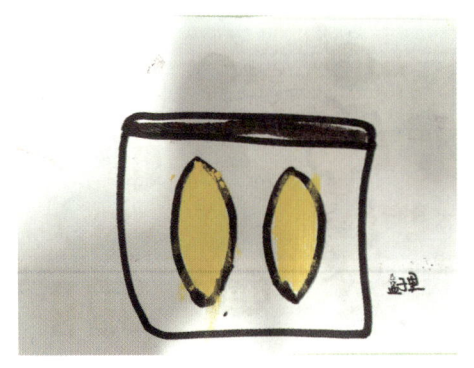

发现儿童的力量——幼儿园"生活·文化"课程实践

像奶奶一样把番薯藏在盒子、箱子里

自然存放

像惠安女一样把番薯切成片晒干

238

3. 我们的储藏行动

整果储存这种直接、简便的方法很适合我们这群行动派的小朋友们。

阳台晒晒　　　　　　密封储藏

用纸巾、报纸包起来

装在盒子、箱子里　　　　　　埋在土里

可初次体验整果储存却遇到了挫折。密封袋里的番薯因为阳光暴晒而产生水汽长芽了，纸箱里的番薯也因为连续雨天的潮湿而发霉了。

番薯长芽、发霉了

霖霖：那就试试洋洋的方法吧！

老师：咱们惠安不仅盛产番薯，还擅于储存番薯。洋洋的方法就是来自惠安女的智慧，你们可以再去问问爷爷奶奶还有什么储存番薯的好方法。

于是，我们又收集到了关于干制番薯的信息。

第二部分 实践篇

番薯笳  番薯条

番薯丝  番薯粉

小朋友们不禁感叹道："惠安人可真聪明啊！"

在分享的过程中，小笛还给大家带来了新的发现："我们家有一包番薯干是可以直接吃的，而且放置的时间也比较长。我们可以把番薯做成番薯干，储藏起来！"

小笛带来的番薯干 　　　　　　　　想把番薯做成美食

241

桐桐：对，有包装的东西可以放很久，我们可以把番薯做成食品包装起来。

于是，"藏住薯味"活动有了续集。

（二）藏住薯味之续集

藏薯挑战一：生晒番薯笴/条

切片、切条

晒番薯笴、番薯条

藏薯挑战二：蒸晒番薯条

在一次周末的小组野炊后，芃芃又与同伴分享了自己吃番薯条、紫薯仔的快乐。于是，吃上筋道香甜的番薯条成了他们新的梦想。有了晒番薯箔/条的经验，我们就动手试试蒸晒番薯条吧！

经验准备：

制作方法一：削皮—蒸—切长条—装盘—晒

制作方法二：洗—蒸—剥皮—切长条—装盘—晒

和好朋友一起品尝番薯条、紫薯仔

制作方法一　　　　　　　制作方法二

物质准备：蒸锅、竹筐、削皮器、砧板、菜刀、篮子、盘子……

把所需要的材料画下来

难题一：把筛子放哪里？

番薯条做好了，可是要放在哪儿晾晒呢？

玥玥说直接放地上晒，小宇马上反驳说地上太脏了，会有细菌爬进去的。

一旁的亮亮听到后提出自己的意见：把筛子放在桌子上，这样就不会脏了。

萌萌：可是桌子会把筛子的洞堵住。

放在地板上，太脏了　　　　放在桌子上，洞会被堵住

解决办法：两张桌子拉开，把筛子架在两张桌子中间，这样洞就不会被挡住了。

午餐时间快到了，小朋友们又犯难了：桌子、椅子用来晒番薯，我们怎么吃饭呢？看来，又得另辟它地。

于是，他们在教室里寻找可晾晒的地方，不一会儿就在自然角发现了"宝藏之地"——网格架，放在上面晒既透气又卫生。

放在两张桌子中间

放在网格架上，既透气又卫生

难题二：番薯条晒不干、容易发霉。

连续的阴雨天气让原本可以在太阳底下暴晒的番薯不能正常晒太阳。看着怎么晒都晒不干甚至有点发霉的番薯条，小朋友们展开了一场头脑风暴。

【我们的发现】

①番薯条有些发霉；②湿湿的，没有风干成功。

虽然第一次晒番薯条没有成功，但是小朋友们有了探究的过程和经验，在接下来的再次探索中，有了更大的信心。

小逸觉得可以等到出太阳的时候再拿到太阳底下晒。

番薯条有点发霉

源源反驳道："不行，发霉的东西吃了会生病的。"

那是放弃还是重新做？是用老方法还是新方法呢？看看小朋友们怎么说！

小可：下雨天家里的衣服晒不干，我妈妈就把衣服放在烘衣柜，没过多久衣服就干了。

小杰：还可以用吹风机吹干，就像吹头发一样。

245

小可：冬天很冷的时候奶奶会开暖风机取暖，有风还有热气。

小逸：用我家的烤箱，烤一烤不是很快就干了吗？

看着小朋友们互相不服气的表情，我们决定做一次实验，看看哪种工具最实用。

【实验分组】

实验1：扇扇子

实验2：暖风取暖机

实验3：小太阳取暖机

实验4：烤箱

实验5：吹风机

【实验反馈】

扇扇子组：要一直手拿扇子扇，太累了，而且扇子的风力太小，番薯条还是湿湿的。

扇子组实验后的感受

吹风机组：我们轮流拿着吹风机对着番薯条吹，这样手不会酸。吹了半小时左右，番薯条有一点干了。不好的地方是风力调大，番薯条会被吹到盘子外面，风力太小又吹不干，有点麻烦。

吹风机组实验后的感受

小太阳取暖机：小太阳取暖机的灯条能一直发热，像晒太阳一样一直照着番薯条，可是因为没有风，最后还是烘不干。

小太阳取暖机组实验后的感受

暖风取暖机组：暖风取暖机太好用了！它比吹风机轻便，不仅风力大，还不用一直拿在手上。只要记得隔一段时间帮番薯条"翻个身"，就不用担心番薯条粘在筛子上。

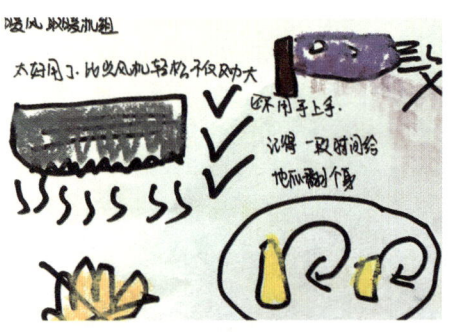

暖风取暖机组实验后的感受

烤箱组：温度太难控制了，第一次温度调到 120 ℃，烤了五分钟，番薯条还是湿的；第二次温度加到 150 ℃，烤了 10 分钟，有的还是湿的，有的却烤焦了。而且烤箱门关起来都看不到里面的情况，不好用。

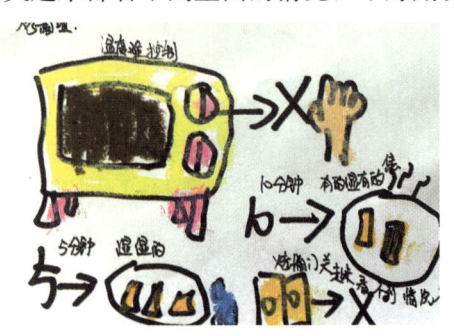

烤箱组实验后的感受

经过四种实验结果比对，小朋友们一致决定用暖风取暖机来制作番薯条。不仅制作轻松、方便，更重要的是制作出来的番薯条又香、又脆、又好吃！

品尝自制的番薯条　　　　　　把番薯条包装起来进行分享

第一次番薯风干储存成功的体验让小朋友们获得了满满的成就感。小朋友们把番薯条包装好带回家和家人分享，有的送到办公室给其他老师品尝，还有的提出要在游品会上当作伴手礼和其他小朋友、客人、老师一起分享。

藏薯挑战三：制作番薯粉

为了探究番薯持续长久的储存方法，小朋友们想挑战把番薯加工成淀粉食物。

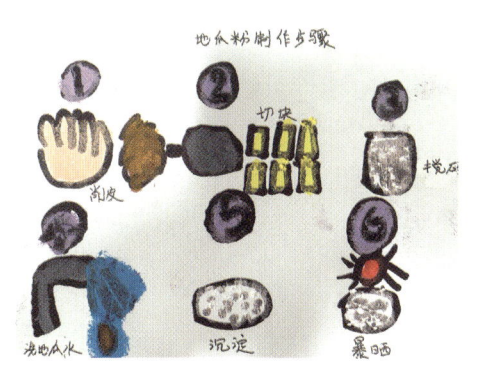

把查找到的步骤画下来

菌菌：我们把番薯做成番薯粉吧！炸醋肉的时候就可以加入我们自己做的番薯粉啦！

小晴：听着我都要流口水了，如果我们能做出番薯粉，是不是真的可以炸醋肉吃？

老师：当然可以！

第一个问题：怎么做番薯粉呢？

伊伊提出可以查一下番薯粉怎么做。

我们查阅到的资料：

制作过程：削皮—切块—搅碎—暴晒—沉淀—洗番薯水。

制作过程中需要使用大的搅碎机，可大的搅碎机是工厂专用的，幼儿园里既没有这样的器材，又很难借到。

菌菌：可以用小的搅碎机呀！

小晴：奶奶炸肉丸子都会先把肉放在绞肉机里面绞一下，我们也可以用来绞番薯！

这是小朋友们收集到的材料。

制作番薯粉工具

区角时间，小朋友们开始尝试制作番薯粉，他们分工洗番薯、削皮、切块、绞碎……

在工具绞肉机的使用上，小晴因为有使用经验，所以整个过程操作都得心应手。

削番薯皮 　　　　　　　　收拾桌面

第二部分 实践篇

把番薯切块　　　　　　　　　放入绞肉机

操作后的经验：绞肉机小小的，刀片也是小小的，所以番薯要切小一点，不然放不进去，也绞不动，还要注意不要放得太满。

番薯搅不动了　　　　　　　　对比后发现有的大，有的小

重新加工，把大的再切小一点　　番薯绞碎成功

第二个问题：一台绞肉机工作太慢了，番薯量大，绞碎的时间长。

由于区域活动时间有限，游戏结束后还停留在切、绞的过程中，小朋友们觉得这样太慢了，便寻找其他工具来辅助解决问题。

峻峻：除了绞肉机，我们再找找其他工具来帮忙吧。

借到新的操作工具啦

伊伊：要不要试试石臼，它也是可以把番薯捣碎的。

萌萌：上学期参观大四班自然角，我看到他们也在做番薯粉，要不我们去问问他们班老师，看看有没有其他的工具吧。

经过询问，小朋友们果然借到了不一样的操作工具。"绞碎番薯小团队"就这样产生啦！

绞肉机组　　　　　石臼捣碎组　　　　　磨泥器组

第三个问题：番薯粉去哪儿了？

用完午餐，几个小朋友继续未完成的操作，小晴准备把绞碎的番薯放入湿纸巾。

伊伊赶紧制止说："这样操作不对，正确的做法是先加水，再拧干。"

于是，小晴跑去接了一盆水来，照着伊伊说的做法进行尝试。她们卖力地洗番薯水，把番薯渣放在湿纸巾里拧干，直到碗空了。

第二部分 实践篇

把绞碎的番薯加水 　　　　　　　　合作洗番薯水

放入湿纸巾过滤 　　　　　　　　　拧番薯水

把拧干后的番薯渣倒掉 　　　　　　继续重复，直到把番薯水洗完

小朋友们看着一盆的番薯水感到疑惑："番薯粉呢？"

琪琪：要放一会儿，刚刚我们挤出来的番薯水里面有淀粉，得等它沉到碗底再把水倒掉，最后拿去晒太阳，就能变成番薯粉了。

萌萌：晒的时候我们给它盖一块纱布，就不会有脏东西跑进去。

疑惑：怎么只有地番薯，番薯粉呢？

纱布太小盖不到

两块纱布粘一起

还不够，继续增加

纱布把碗盖住了

番薯水静置了一个晚上，隔天菡菡入园后小心翼翼地把番薯水倒掉。可阴雨天气还在继续着，去哪儿晒呢？

254

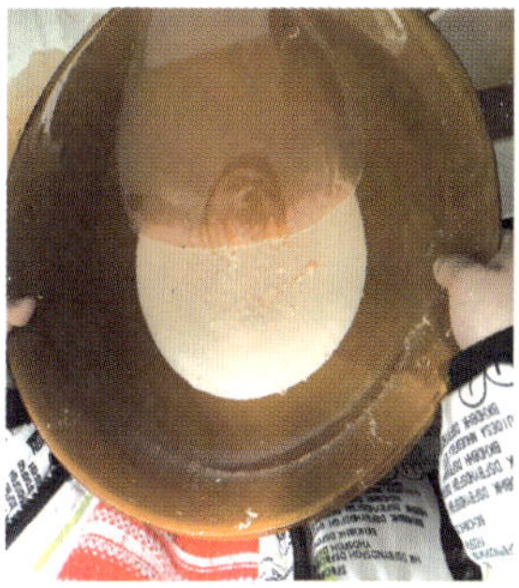

小心翼翼地倒掉番薯水

自然风干

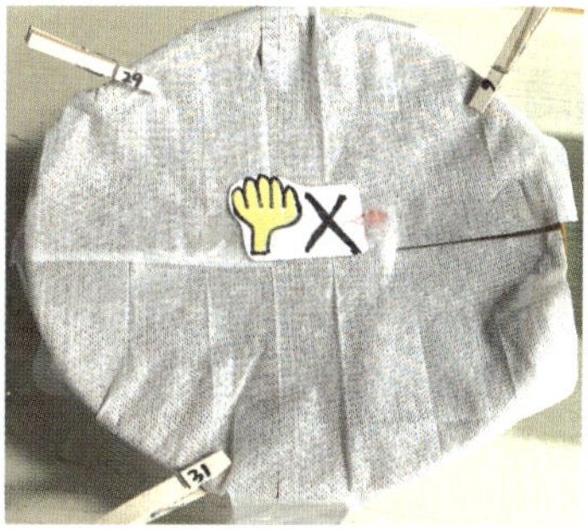

为了防止小朋友触摸，菡菡绘画了一张禁止触摸的标志

番薯粉制作成功

后续：小朋友们利用区角时间又做出了番薯粉，终于如愿以偿，用自制的番薯粉做了盘炸醋肉，小朋友们吃完后，脸上洋溢着幸福感和满足感。

✲教师思考

在制作番薯粉的过程中，幼儿学会了由浅入深地探究事物。教师在看似“退位”的过程中，让幼儿独立思考，并将自己的想法进行实践和验证。在留白中，成长也自然发生。淀粉的提取过程于成人并不复杂，于幼儿则是体验、是游戏，也是学习的发生。在操作中感知物体，于亲历间比较发现，提取、过滤、沉淀的科学探究激发了幼儿积极参与活动的兴趣。

藏薯挑战四：风吹饼 or 华夫饼

区角时间，一一等几个小朋友又开启了薯味食物储存的新旅程。蒸番薯、剥番薯皮、捣番薯泥、加木薯淀粉……她们正准备做风吹饼。

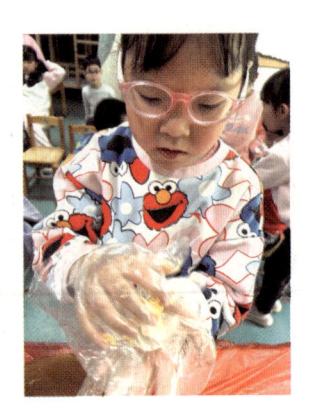

问题：黏手的番薯泥怎么处理？

菡菡不解地问："怎么我的手套粘的都是番薯啊？弄都弄不干净。"一旁的彬彬也说："黏黏的番薯害得我没办法搓小圆球了。是不是番薯太多而粉太少的原因呢？"

伊伊：再加点木薯粉吧。说完又倒了一点，可是黏手的问题还是没有解决。

彬彬：肯定是木薯粉加得还不够，要多加点。

芃芃：我妈妈做面包或者蛋糕都要用电子秤称下重量，比例要对，不然不会成功。

那风吹饼的最佳配比到底是多少呢？

我们又开始了新的尝试。

番薯泥太黏手了

第一次配比 60：10（黏手）

第二次配比 60∶20（黏手）

第三次配比 60∶30（不黏手）

通过不断尝试，得出以下结论：
①番薯的重量要比木薯粉多一倍。
②当品尝的人数多时，就要增加番薯泥和木薯粉的克数。
根据以往的数数经验，小雅觉得可以整数数。

小雅把配比记录下来供其他小朋友借鉴

第三次配比实验后,风吹饼正式入饼机。不一会儿,小朋友们顿时炸开了锅,他们的表情,有的兴奋,有的失落……

小宇:这不就是我在甜品店里吃过的华夫饼吗?我可喜欢吃了。

峻峻:我们竟然做出了番薯味华夫饼,以后再也不用去甜品店吃啦!

思思:番薯味华夫饼太好吃了,外面有点脆脆的,里面是黏黏的,像在吃 QQ 糖。

饼盖掀开,峻峻的脸上露出笑容　　品尝同伴做的番薯味华夫饼有些失落……

小雨:陈老师,风吹饼不是一片薄薄的饼吗?这块怎么这么厚啊?

航航:风吹饼的形状不是像太阳一样圆圆的吗?这块怎么是方形的?

玥玥：风吹饼吃起来是脆脆的，这个怎么软软糯糯的？

不是孩子们吃过的风吹饼

到底问题出在了哪里？是食材、步骤，还是压饼机的问题？

师幼一起搜索相关视频寻找原因

为了一探究竟，我们再次搜索相关视频，得知食材、步骤都没有问题后，霖霖猜测是压饼机的问题。经过查找，小朋友们发现不同饼机的功能会有所不同，做出来的东西也会不一样。刚刚用的是华夫饼机，所以只能做出番薯味华夫饼，而风吹饼需要的机器是脆皮蛋卷机。隔天，小杰、小淳带来了不同的制饼机。

让我们一起来看看不同制饼机的制作效果吧！

煎蛋机

不成功，风吹饼像压扁的炸枣

脆皮蛋卷机

第一次温度调太高，风吹饼有点焦了

第二次调低温度，风吹饼金黄金黄的，堪称完美

三、小结与反思

幼儿是天生的、主动的学习者，有着与生俱来的强烈的好奇心、探索欲和求知欲。在发现番薯晒不干、想做的风吹饼做不成功时，幼儿没有气馁，而是不断地探索求知和迎难而上。幼儿的坚持感染了我，也推动着我。

"我听过了，我就忘记了；我看见了，我就记住了；我做过了，我就理解了。"是啊，从一开始的大胆猜想（储藏番薯），到了解番薯保存的方法，最后到番薯储藏的实践活动。借由"番薯"这把钥匙，幼儿打开了食物储藏的大门，探寻人与食物最本真的联结，感受了中国食俗与文化带给我们的力量。他们不仅积累了丰富的学习经验，也收获了坚持、专注的学习品质。

（供稿者：泉州市丰泽机关幼儿园　陈东梅老师）

参考文献

一、著作类

1. 李季湄、冯晓霞主编：《〈3—6岁儿童学习与发展指南〉解读》，人民教育出版社，2013年版。
2. 虞永平：《生活化的幼儿园课程》，高等教育出版社，2010年版。
3. 吴振东：《幼儿园主题课程实务指导》，福建人民出版社，2021年版。
4. 冯晓霞主编：《幼儿园课程》，北京师范大学出版社，2000年版。
5. 陈鹤琴：《活教育》，南京师范大学出版社，2012年版。
6. 虞莉莉主编：《浙江省幼儿园精品课程集萃》，浙江教育出版社，2020年版。
7. 许芊芊主编：《自然教育课程的追寻与实践》，福建教育出版社，2023年版。

二、期刊类

1. 叶明芳、林媛媛：《幼儿园课程生成的实践困境与化解》，《学前教育研究》，2023年第5期。
2. 陈向荣：《基于中华优秀传统文化的幼儿园课程建构》，《学前教育研究》，2021年第6期。
3. 黄燕、焦春岚：《本土文化资源与班级区域活动融合的路径探索》，《基础教育研究》，2022年第7期。
4. 田丽春：《挖掘本土文化，让"爱家乡"教育在幼儿园真正落地》，

《山西教育（幼教）》，2021年第12期。

5. 陈虹虹：《基于STREAM教育的幼儿园闽南本土文化活动探究——以"奇妙的扎染"活动为例》，《教育观察》，2022年第11期。

6. 王颖嫣：《幼儿园食育课程的价值与建构》，《学前教育研究》，2022年第2期。

7. 蔡一娉、吴丽芳：《闽文化背景下的幼儿美术教育创新系列四 基于闽南传统饮食文化的美术教育实践》，《福建教育》，2017年第5期。

8. 黄阿香、林珊珊：《闽南文化融入幼儿园课程的路径与策略》，《幼儿教育研究》，2020年第5期。

9. 程英：《童心本位的中华优秀文化传承——海峡两岸学前教育论坛综述》，《陕西学前师范学院学报》，2018年第7期。

10 张秋萍：《幼儿园食育课程的建构与实施》，《学前教育研究》，2018年第9期。

11. 朱娅婷：《"互联网＋"背景下中华优秀传统文化与幼儿园教育的融合》，《黑龙江教师发展学院学报》，2023年第1期。

12. 傅秋兰：《幼儿园优秀本土文化启蒙教育探索——以泉州市丰泽机关幼儿园为例》，《陕西学前师范学院学报》，2024年第11期。

三、其他类

1. 《中华人民共和国学前教育法》，新华社官方网站，引用日期2024-11-8。

2. 《关于实施中华优秀传统文化传承发展工程的意见》，新华社官方网站，引用日期2017-1-25。

3. 《关于推进中小学生研学旅行的意见》，教育部等11部门印发，引用日期2024-10-9。

后 记

自"生活·文化"课程实践研究启动以来,我们见证了无数机幼花与机幼娃共同生活与学习的点滴瞬间。无法用一本书涵盖所有既有趣又有意义的大故事、小故事,我们谨选择了一些具有代表性的观点和做法,与同行分享,以期引发更多人对儿童的尊重与理解,并为儿童的成长与发展提供更具科学性和人文关怀的支持。

本书的实践与写作过程凝聚了众多智慧与力量,尤其是学园的全体教职员工、孩子和家长们的共同努力。感谢老师们在过去几年中深入探索儿童的世界,关注每一个个体的成长,积累经验并记录下这些宝贵的瞬间,在成功与挫折中不断进步。感谢孩子们与我们一同探索游戏、共同构建课程,分享思考与创造的喜悦,体验幸福的生命状态。感谢家长们与我们共同讨论、设计、实践,始终如一地陪伴孩子,支持"生活·文化"课程的持续发展。

在此,我代表团队特别感谢泉州幼儿师范高等专科学校的吴振东教授。正是他的鼓励与辛勤付出,才使得本书得以顺利出版。几年前,我刚担任园长时,意识到幼儿园的办园理念必须与课程设计紧密结合,以确保教育目标的一致性和有效性,从而为儿童提供更符合其发展需求的教育,促进其全面发展。而当时学园的办园理念与课程并不匹配,与幼教研究方向也存在偏差。于是,我抱着试一试的心态联系了吴教授,没想到他欣然应允,并在多次理论解读与实践指导下,帮助我们修改了学园的办园理念。随后,我们一鼓作气,尝试将学园几年来研究的课题、多样的活动、教师的教学实践与闽南文化融合,形成了一套课程体系。经过一年半的边写边改边实践,最终在吴教授的指导下，书稿在第十二稿时定稿。吴教授从整体结构框架到各章节的排列、具体内容的呈现、语法逻辑的表达等方面，都给予了我们专业、细致的指导。为了深入了解我园课程的实际开展情况，吴教授多次莅临学园，指导教学开放活动，规范教学要求，并组织教师研讨书稿细节。他的高度负责的专业精神，深深感染了每一位机幼人。

方向比努力更为重要。2019年秋天，我和同事有幸前往南京学习，聆听了关于"课程故事"案例解读的讲座。我们被上海、南京一线教师在教学过程中记录的教育叙事深深吸引，这些叙事反映了课程实施中的经验、反思与成长。我们意识到，引导教师学习并书写课程故事是帮助教师反思教学、改进课程设计、促进专业发展的有效方式。2021年，我们有幸结识了长期专注于课程故事研究的张斌博士。张博士通过线上分享和线下指导，带领并指导机幼老师们研究、撰写出一篇篇精彩的课程故事。几年来，老师们不仅在早期教育公众号上发表作品并获奖，个人的观察与指导能力、师幼关系等方面的研究也有了显著提升，进一步推动了"生活·文化"课程的形成。

为书稿写序是一件费时费力的工作。为了让更多扎实投入课程建设的老师们感受到成就感，我们决定邀请张斌博士为本书写序。出版专著对她们来说是一件非常专业和神圣的事情，而张博士的序言无疑会大大增强她们的专业自信。张博士不仅欣然答应，还在书稿修改的第二稿后再次给予我们修改建议，使书稿更加完善、规范。张博士的朴实、温暖与大爱，将成为机幼团队不忘初心、追寻教育本真的原动力。

此外，我们还要感谢福建师范大学教育学院的吴荔红教授，泉州市丰泽区教育局局长李晓灿、副局长张诗强、教科研室主任杨佩莹老师，泉州市丰泽区教师进修学校幼教教研室主任吴聿霖老师等专家和领导。没有他们的无私帮助与支持，丰泽机关幼儿园不会有今天的成绩，对我个人而言更是如此。想感谢的人太多，因篇幅所限，难以一一表达。我和我的团队唯有扎根学前教育，才能更好地回馈这片热土和所有关爱我们的人。

孩子的发展没有止境，课程建设永远在路上！本书的出版并不意味着机幼"生活·文化"课程实践的结束，相反，它标志着我们新征程的开始。接下来，机幼团队将对照《幼儿园保育教育质量评估指南》，聚焦保教质量问题，深化园本课程建设、团队建设、幼儿发展、管理评价以及家校社联动等方面的工作，继续为学前教育课程建设贡献机幼的力量。

傅秋兰

2025年2月1日